경계 없는
감상

경계 없는 감상

읽기에서 보기까지, 콘텐츠를 즐기는 법

초판 1쇄 발행 2025년 10월 18일

지은이 | 이지선·류수열·이인화

펴낸이 | 김연우
펴낸곳 | (주)태학사
등 록 | 제406-2020-000008호
주 소 | 경기도 파주시 광인사길 217
전 화 | 031-955-7580
전 송 | 031-955-0910
전자우편 | thspub@daum.net
홈페이지 | www.thaehaksa.com

편 집 | 조윤형 여미숙 김태훈
마케팅 | 김민선
경영지원 | 김영지

ⓒ 이지선·류수열·이인화, 2025. Printed in Korea.

이 책에 직간접적으로 게재를 허락해 주신 모든 분께 감사드립니다.
저작권자와 연락이 닿지 않아 부득이 허가를 구하지 못한 일부 자료에 대해서는
연락 주시는 대로 적법한 절차를 따르겠습니다.

값 11,000원

ISBN 979-11-6810-381-8 (04710)
      979-11-6810-387-0 (세트)

책임편집 | 조윤형
디자인 | 지소영

KOMCA 승인필

'개념' 있는 국어 생활 7

경계 없는
감상

**읽기에서 보기까지
콘텐츠를 즐기는 법**

이지선·류수열·이인화 지음

태학사

'개념 있는 국어 생활' 기획의 말

    학회의 성장은 학문의 성장을 동반하게 마련입니다. 최초·최고·최대의 학술 단체인 한국어교육학회가 창립 70주년을 맞는 이 시점에서, 우리는 그 성장의 결실을 가시적으로 확인할 필요가 있다는 데 뜻을 같이했습니다. 이에 국어 교육학계를 이끌어 갈 차세대 국어 교육학자들과 국어 교육의 현장을 선도하는 교사들을 중심으로 학문적 성과를 결산해 보기로 했습니다. 다만 빛나는 연구 성과를 정리하는 수준이 아니라 '그 성과가 교실에서 이용利用될 수 있도록 해야 한다', 그리고 '교실 안에만 머물러 있는 것이 아니라 교문 밖 모든 삶의 현장에서 언어 사용자인 시민들의 후생厚生에도 기여해야 마땅하다'고 생각했습니다.

    그리하여 학회에서는 국어과 교육 과정사에서 가장 중요한 항존恒存 개념 20개를 선별했고, 젊은 연구자와 교사들에게

임무를 부여하여 손에 쏙 들어오는 20권의 책을 학회 창립 70주년이 되는 올해부터 출간하기 시작하여 내년까지 완간하기로 했습니다. 필진이 젊다는 것은 시각이 신선하다는 뜻으로, 책의 분량이 적다는 것은 정보의 응집도가 높다는 뜻으로 이해해 주기를 바랍니다.

한국어교육학회의 위상에 걸맞게 빛나는 결실을 맺어 주신 필자 여러분은 국어 교육학계의 믿음직한 미래임을 증명해 주셨습니다. 이 시리즈가 원활히 출간되도록 필자와 출판사 사이의 중간 다리 역할을 맡아 노심초사 알뜰히 챙겨 준 양수연 박사님의 노고도 잊을 수 없습니다. 이 시리즈의 간행을 흔쾌히 맡아 주신 태학사 김연우 대표님, 심혈을 기울여 책을 만들어 주신 조윤형 주간님에게도 감사의 마음을 전합니다.

부디 이 책들이 예비 교사들에게는 개념들의 윤곽을 보여 주고, 현장 교사들에게는 교수 학습과 평가의 설계에 영감을 주며, 일반 시민들에게는 품격 있는 언어 생활의 지침서가 되기를 바랍니다.

한국어교육학회 창립 70주년 기념
'개념 있는 국어 생활' 간행위원회 위원장 주세형
한국어교육학회 제38대 회장 류수열

머리말

　우리는 누구나 감상을 출판할 수 있는 세계에 살고 있다. 인간은 본질적으로 이야기하기를 좋아하여 호모 나렌스$^{Homo\ narrans}$(이야기하는 인간)라고 지칭되는 존재다. 이 성향은 디지털 시대에 이르러 더욱 빛을 발하기 시작했다. 사람들은 작은 휴대폰 화면과 다양한 플랫폼을 가로지르며 자신이 보고 느낀 것을 표현하고 공유하면서 끝없는 대화를 이어 가고 있다.

　감상을 표현하고 공유하는 것은 특별한 일은 아니다. 우리에게 가장 익숙한 글쓰기 중 하나는 학창 시절 과제로 수행했던 독서 감상문이다. 영화 후기, 공연 리뷰, 맛집 평까지 감상은 우리 일상 곳곳에 스며들어 있다. 감상은 또 다른 감상을 불러내고, 이 작은 파동들은 겹쳐서 큰 공명을 만들기도 한다. 거대 플랫폼인 유튜브에 접속하면 세계적인 열풍을 일으킨 영화와 그 영화의 배경이 되는 문화를 톺아보는 콘텐츠를 숱하게 만날 수 있다. 관련 상품은 품절 대란을 일으키기도 했다. 이 모든 것은 우리가 일상적으로 하는 감상, 즉 미적 대상을 살피고 그 가치를 평가해 보는 그것으로부터 출발했다. 우리의 특별하지 않은 일상이 문화를 움직이고 있는 것이다.

그간 감상은 문학 교육에서 오래도록 중요한 자리를 차지해 왔다. 감상은 독자가 작품과 의미 있게 만날 수 있도록 이끌고 자신이 경험한 울림을 공유하는 행위라는 점에서, 문학 읽기를 감상으로 유도하는 것은 교육의 중요한 목표였다. 이제 이 시대의 텍스트는 더 이상 문학 작품이나 인쇄물에만 국한되지 않는다. 영화, 드라마, 공연, 온라인 콘텐츠와 일상의 기록까지, 우리는 읽는 대상만이 아닌 보는 대상들에서도 시적이거나 이야기적인 것을 찾아내고, 그 속에서 전례 없는 속도와 양으로 감상을 주고받고 있다. 그래서 우리는 감상의 본질을 다시 짚어 보려 한다.

감상이란 무엇일까? 좋은 감상이란 있을까? 어떻게 하면 감상 행위를 통해 의미 있는 대화를 이어 나갈 수 있을까? 필자 세 명은 이 질문들의 답을 구하기 위해 함께 고민했다. 감상은 단순하게 느낌을 적는 것이 아니고, 순간의 감흥을 붙잡아 삶과 연결하는 것이며, 그러기 위해 자신의 생각을 오래

붙들고, 그 울림을 언어로 가다듬어서 타인과 나누는 것이다. 따라서 독자의 주도적인 탐색과 노력이 필요한 것이다. 자유로운 표현이기도 하지만, 타인에게 자신의 울림을 전달하고 그에 공감할 수 있도록 설득하는 것이기도 하다.

이러한 고민의 과정과 더불어 쓴 이 책은 세 갈래로 구성되어 있다. 1장에서는 감상이란 무엇인지에 대해 이야기한다. 감상이란 말의 윤곽을 짚고, 감상이 지닌 다양한 얼굴은 어떤 모습인지 살핀다. 이를 통해 우리의 일상과 감상이 어떻게 이어지는지 생각해 본다.

2장에서는 감상의 세계에 들어가기 위한 두 가지 과정을 제시했다. '감상의 계단 오르기'에서는 감상이 타인의 공감을 불러일으키기 위해 갖추기 위한 요건이 무엇인지 살폈다. '감상의 스펙트럼 경험하기'에서는 우리가 다양한 감상을 만날 수 있는 까닭이 작품의 행과 행간, 그리고 이면을 두루 살펴 읽는 과정에 있음을 밝혔다.

3장에서는 감상의 도구 상자를 제시했다. 여기에서는 감상을 하는 방법으로 작품의 맥락을 살피며 읽기, 타자와 자신을 이해하며 읽기, 텍스트들을 엮어 읽고 겹쳐 읽기, 대화하면서 함께 읽기 등을 다루었다. 이는 감상이 개인적이면서 사회적인 행위라는 점을 근간으로 한 방법들이다.

우리는 이 책을 통해 감상이 그저 취향의 표출이 아니라, 나와 세계, 개인과 공동체를 연결하는 적극적인 행위임을 밝히고자 했다. 감상은 삶을 성찰하고 서로의 이야기에 귀 기울이게 하는 가장 보편적인 길이다. 그래서 감상을 표현하는 것은 혼자가 아닌 함께 존재하기 위한 가장 오래된 방식일지도 모른다. 이 책이 독자에게 새로운 감상의 지평을 보여 주고, 각자가 지닌 감상의 언어를 풍성하게 확장하는 기회가 되기를 바란다.

2025년 10월

저자 일동

차례

'개념 있는 국어 생활' 기획의 말 • 주세형·류수열   4
머리말   6

Class 1. 감상이란 무엇일까?

감상이라는 말의 윤곽
맛집 리뷰도 감상일까?   17
이해, 해석, 비평은 감상과 어떤 관계에 있을까?   25

감상의 세 얼굴
거울의 용도는 어디에 있을까?   29
피로를 무릅쓰면서도 여행은 왜 가는 걸까?   33
독백을 넘어서는 대화의 미덕은 무엇일까?   37

Class 2. 감상의 세계로

감상의 계단 오르기
우리는 왜 자신의 감상을 공유하는가?   45
우리는 어떤 감상문에 '좋아요'를 누를까?   49
나의 '감상'이 설득력을 지니려면?   55

감상의 스펙트럼 경험하기
우리가 읽는 것은 작품인가, 텍스트인가?   59
우리가 주목해야 하는 것은 행인가, 행간인가?   55
텍스트의 이면을 읽는다면 어떤 경험을 할 수 있을까?   68

Class 3. 감상의 도구 상자

작품과 맥락의 교차
작가 맥락과 사회·문화적 맥락에 투영하기
작품이 태어나는 자리에는 무엇이 있을까?	75
작가의 삶을 고려하면 어떤 이점이 있을까?	78
사회·문화적 맥락을 고려하면 어떤 이점이 있을까?	84
작품 감상에서 맥락은 절대적일까?	91

문학을 통한 이해와 공감
나와 타자를 두루 고려하기
문학을 통해 타자를 이해한다는 것은?	95
문학을 통해 자기를 이해한다는 것은?	100

연결된 이야기들
엮어 읽고 겹쳐 읽기
   텍스트와 텍스트를 엮어 읽고 겹쳐 읽는 것이 왜 필요할까?   110

   텍스트 엮어 읽기는 어떻게 할 수 있을까?   114

   텍스트 겹쳐 읽기는 어떻게 할 수 있을까?   118

함께 읽기
소통을 통한 깊이 읽기
   '함께 읽기'란?   122

   '함께 읽기'에서 대화는 언제 종결될까?   125

   '함께 읽기'의 결과는 모두에게 같을까?   131

   '함께 읽기'가 '깊이 읽기'로 이어지려면?   137

주註   144

참고 문헌   147

Class 1.

감상이란 무엇일까?

감상이라는 말의 윤곽

❝❞ 맛집 리뷰도 감상일까?

음악회에서 연주를 듣는 일을 '음악 감상'이라 하고, 갤러리에서 회화 작품을 관람하는 일을 '미술 감상'이라 하며, 극장에서 영화를 보는 것을 '영화 감상'이라고 부른다. 그리고 책을 읽고 소감을 쓰면 '독서 감상문'이 된다. 그렇다면 감상이란 무엇일까?

사전을 보면 동음이의어 관계에 있는 '감상'이 제법 많다. 무언가를 읽거나 보고 어떤 반응을 보인다는 의미에 국한한다 해도 '感想'과 '鑑賞'이 있다. 전자는 사전적으로 "마음속에서 일어나는 느낌이나 생각"이다. 유의어로는 '느낌', '의견', '소감' 등이 있다. 후자는 "주로 예술 작품을 이해하여 즐기고 평가함"이라는 의미이다. '관조', '완상', '음미'가 유의어로 제시되어 있다.

그렇다면 '음악 감상', '미술 감상', '영화 감상'에서 '감상'은 전자일까, 후자일까? 그리고 '독서 감상문'의 '감상'은 전자일까, 후자일까? 나아가 맛집으로 소문난 식당을 다녀온 후 별점과 함께 남기는 리뷰는 또 어디에 해당할까?

판단이 잘 안 선다면 영어 표현을 참고해도 좋다. '感想'은 'thoughts or feelings'이다. 유의어로 넓히면 impression(인상)이나 opinion(의견)이 있다. '鑑賞'에 해당하는 영어 단어는 '**appreciation**'★이고, 'enjoyment(향유)'도 이 뜻에 가깝다. 음악, 미술, 영화가 모두 예술 장르이므로 작품을 이해하고 즐기고 평가하는 일로 보면 '鑑賞'이고, 어떤 작품을 보더라도 마음속에 어떤 느낌이나 생각이 일어나지 않을 수 없다는 점을 고려하면 '感想'이 맞을 것이다. 어느 한자어에 해당한다 해도 문맥은 성립한다.

그렇지만 '感想'은 말 그대로 느낌이나 생각이라 했으니 의미의 폭이 지나치게 넓다. 그것은 인간의 감각이 깨어 있는

> ★ **appreciate**
> appreciate는 라틴어 'appretiatus'에서 유래되었다. 이 라틴어 단어는 'ad'(to, toward)와 'pretium'(price, value)이 결합된 형태에서 파생된 것이다. 따라서 'appreciate'는 원래 가격이나 가치를 인정하고 중시한다는 의미에서 출발하여, 지금은 '감사하다', '진가를 알아보다', '가치가 오르다' 등의 의미로 사용된다.

한 모든 순간에 일어난다. 꽃이 피어 있는 풍경을 볼 때도, 개성적인 옷을 입고 있는 사람을 볼 때도, 차선을 침범하는 차를 볼 때도 感想은 일어나게 마련이다. 게다가 이처럼 평범하지 않은 자극을 받을 때만 감상이 생기는 것은 아니다. 엘리베이터 안에서는 속도에 대한 감상이 있을 수 있고, 화장실에서는 변기의 형상에 대한 감상이 있을 수 있으며, 스마트폰을 만지작거리면서는 그 디자인에 대한 감상이 일어날 수도 있다. 심지어 혼자서 어둠 속에서 눈을 감고 있을 때조차 감상은 있게 마련이다.

그렇다면 '鑑賞'은 어떠한가? 먼저 이 두 글자의 뜻부터 확인해 보자.

'鑑'은 쇠를 뜻하는 '金'(금)과 (비추어) 본다는 뜻을 가진 '監'(감)이 만난 글자이다. 얼굴이나 몸을 보여 주는 쇠, 그것은 '거울'이다. 아주 오래된 시절의 청동 거울을 떠올리면 이해가 쉽다. 유리 거울이 나오기 이전에는 구리를 빛이 날 때까지 닦아서 거울로 썼는데, 이 글자는 그 시절의 흔적이다. '거울'이라는 뜻으로부터 '거울에 비추어 보다', '살피다', '성찰하다', '식별하다'와 같은 동사가 파생되고, 이에서 연상되는 '안목'이나 '식견', '분별력', '본보기'와 같은 명사도 파생되었다.

'賞'은 말 그대로 칭찬하고 격려하는 뜻으로 주는 '상'이다. 이 글자 윗부분의 '尙'(상)은 '바라다', '높다', '높이다', '숭상하다'라는 뜻을 가진다. 아랫부분에는 '貝'(조개 패) 자가 있다. 조개[貝]의 껍데기는 아득한 과거에 화폐로 쓰였다. 상은 재물을 주는 것이기 때문에 조개껍데기가 화폐로 쓰였던 시대상이 반영되어 있는 글자이다. 그리하여 재물로써 어떤 사람의 재능이나 노고, 업적에 대한 예찬의 뜻을 표한다는 의미를 갖게 되었다. 여기에 더하여 상을 받는 모습을 지켜보며 축하를 보내는 사람들의 입장까지 연상되면서 '구경하다'라는 의미도 덧붙게 되었다.

이제 鑑賞의 말뜻이 어렴풋하게나마 잡힐 것이다. 感想이 어떤 대상을 보고 자연스럽게 일어나는 느낌이나 생각이라는 점에서 거의 무의식에 가까운 반응이라면, 鑑賞은 적극적인 의도를 가지고 어떤 대상을 살피고 분별하고 비추어 보는 의식적인 행위이고, 여기에 그 가치를 평가하는 행위까지를 아우른다. 鑑賞의 사전적 뜻풀이에서 '예술 작품'을 주된 대상으로 명시해 둔 이유도 여기에 있다. 感想이 이 우주의 삼라만상을 대상으로 하는 데 비하면, 鑑賞의 대상은 훨씬 더 특화되어 있다고 할 수 있다. 이런 구별에 따르면 음악, 미술, 영화는 鑑賞하는 것이다.

그렇다면 글이나 책을 읽고 소감을 쓰는 '독서 감상문'의 '감상'은 感想일까, 鑑賞일까? 그것을 가르는 기준으로 쉽게 떠올릴 수 있는 것은 아마도 '그 글이 어떤 장르인가' 하는 점일 것이다.

정보 전달을 목적으로 하는 글이라면 感想이라 하는 것이 맞겠다. 가령 우리는 전자 제품의 사용 설명서를 읽으면서 거기에 동원된 표현의 함축적 의미를 따져 묻지 않는다. 함축적 의미를 담고 있는 표현이 있다면 그것은 사용 설명서의 자격을 갖추지 못한 글이다. 정보 전달을 목적으로 하는 글에 쓰이는 단어나 구절은 명료할수록 좋기 때문이다.

이에 반해 시·소설·수필·극 갈래의 글, 즉 문학 작품이 독서의 대상이 된다면 鑑賞으로 보아도 좋을 것이다. 우리는 시를 읽으면서 비유 표현에 담긴 함축적 의미를 파악하기 위해 지적 에너지를 투입한다. 중의적重義的 표현이라면 그것이 어떤 의미가 포개어져 있는지, 그것이 어떤 효과를 낳는지 간파하고자 애를 쓴다. 소설이나 극 갈래의 글을 읽는 상황에서라면 인물이 내뱉는 말에서 그의 캐릭터를 감지하게 된다. 그리고 화자話者의 생각이나 인물의 삶에 자신의 생각이나 삶을 비추어 보기도 한다.

그러나 이런 구별은 지나치게 단순해 보인다. 소설을 읽고 단순한 줄거리를 요약하거나 시를 읽고 핵심적 표현을 짚어 내는 정도를 가리켜 鑑賞으로 부르기는 어렵다. 그것은 感想조차도 될 수 없다. 자신의 소감이 빠져 있기 때문이다. 작품이 명시적으로 알려 주는 정보를 넘어 그 행간에 담긴 뜻을 알아차려야 하고, 심지어 작품 밖의 인간과 세계와 견주면서 작품 속으로 침투해 들어가는 지적 탐색의 결과가 있어야 비로소 감상의 수준으로 올라설 수 있는 것이다.

그러니 단순히 문학 작품을 읽고 문면文面에 드러난 뜻을 안다고 해서 저절로 鑑賞이 되는 것은 아니다. 거꾸로, 어떤 자연 현상의 원리를 개념적으로 설명한 정보 텍스트를 읽으면서 지적 충격을 받고 그 내용을 자신의 목소리로 조리 있게 서술했다면 이 또한 鑑賞이라 할 수 있을 것이다.

感想과 鑑賞의 구별이 어떤 글을 대상으로 하느냐에 따라 이루어진다고 단정하기 어려운 이유는 또 있다. 그것은 문학과 비문학의 경계에 있는 글들이 무수히 많기 때문이다. 박지원朴趾源의 『열하일기熱河日記』는 사행使行의 기록이라는 점에서 비문학이지만, 문면에 보이는 견문見聞만이 아니라 그 이면에 담긴 작가의 예리한 지적 열정까지 주목하면 그 무엇보다 함축이 풍부한 문학 작품이다. 이런 종류의 글은 어떻게 읽느냐에 따라 感想이 될 수도, 鑑賞이 될 수도 있다. 심지어 비문학임이 분명한 글을 문학 작품처럼 읽을 수도 있다. 다윈의 『종의 기원』과 프로이트의 『꿈의 해석』도 독자의 견식見識에 따라 얼마든지 鑑賞의 대상이 될 수 있는 것이다.

그렇다면 感想과 鑑賞을 가르는 중요한 기준은 결국 독자를 비롯한 수용자의 안목에 달려 있다고 보는 것이 옳을 것이다. 수용자의 안목은 읽거나 보는 행위의 목표와 연동된다. 그렇게 되면 그것은 '사냥'과 '춤'의 비유로 접근해 볼 수도 있다. 독서에 국한해서 말하자면, 어떤 정보를 얻기 위한 독서는 사냥과 흡사하고, 마음을 가꾸기 위한 독서는 춤과 흡사하다. 목표가 달성되면 그만두어도 되는 정보 사냥과 달리, 마음 가꾸기는 단기간에 성취할 수 있는 목표가 아니기에 평생을 두고 지속적으로 이어진다.[1] 춤을 추는 일은 어떤 목표를 위한 수단이 아니며 그 자체로 완결된 자기 충족적인 행위이다. 그러기에 춤은 긴장과 흥분, 쾌감을 동반하며, 그것이 다시 춤을 지속하게 하는 동력이 된다.

이런 차이의 연장선상에서 **사냥을 위한 독서**는 感想에 가깝고, **춤을 위한 독서**는 鑑賞의 반열에 올라서 있다고 볼 수 있다. 예술 작품은 기본적으로 사실적 정보를 제공하는 기능이 없다. 있다고 하더라도 그것은 아주 부차적이거나 제한적이다. 그러니 언어 예술인 문학 작품을 읽는다는 것은 자연스럽게 '춤의 독서'에 해당한다.

정보를 얻기 위한 사냥과 달리 문학 작품을 비롯한 예술 작품을 향유하는 일은 '정신을 자극하고 마음을 확장하는 일'이며, 이를 다른 말로 간단히 표현하면 鑑賞이 될 것이다. 예술 작품이 아니라 정보 텍스트라 하더라도 그것이 '춤의 독서'에 해당한다면 鑑賞으로 간주해도 무방할 것이다. 이런 관점에서 보면 맛집을 다녀온 후에 남기는 리뷰도 어떤 내용으로 충실성을 기하는지에 따라 鑑賞의 경지로 올라설 수 있다.

이해, 해석, 비평은 감상과 어떤 관계에 있을까?

이 책에서는 感想이 아닌 '鑑賞을 어떻게 할지'를 다룬다. 感想과 구별되는 鑑賞의 의미는 앞에서 대략적으로 드러났지만, 鑑賞과 의미가 겹쳐서 쓰이는 몇 가지 유의어들이 있다는 점도 염두에 둘 필요는 있겠다. 이해理解, 해석解釋, 비평批評, 자기화自己化가 이에 해당한다. 이 용어들은 모두 독자가 문학 작품을 읽으면서 행하는 지적·정서적 작업을 이루는 여러 층위에 해당한다. 주로 문학 작품을 읽고 수용하는 데 쓰이는 용어이지만, 다른 예술 작품은 물론이고 정보나 개념 위주로 구성된 텍스트, 글쓴이의 주장이 담긴 텍스트를 읽을 때에도 두루 적용할 수 있는 인지 활동의 개념들이다.

물론 이들이 엄밀하게 변별되는 의미를 가지는 것은 아니다. 그러나 대개 다음과 같이 구별할 수 있다. '이해'는 텍스트의 표면적 구조, 정서를 포함한 세부 내용을 파악하는 활동이고, '해석'은 텍스트의 구조와 의미를 분석하는 활동이다. 이해에 비해 지적 에너지가 더 많이 요구된다. '비평'은 문학 작품의 가치를 인식하고 평가하는 일이다. '비批'와 '평評'이라는 구성 요소가 모두 가치에 대한 판단을 함축하고 있다. '자기화'는 문학 작품을 자신의 삶과 연관 지으면서 거기에 의미를 부여하는 일이다. 이에 더하여 문학 작품을 매개로 하여 작가나 다른 독자와 의미를 교섭하는 '소통'이라는 용어도 나란히 놓을 수 있다. 소통은 앞에서 열거한 여러 가지 인지 활동을 가로지르는 형국으로 배치할 수 있다.[2]

감상鑑賞은 문학 작품의 내용과 형식을 즐기는 활동으로 규정할 수 있지만, 일상적인 어법으로나 학문적인 용법으로나 이상의 여러 층위에 놓여 있는 용어들과 엄밀하게 구별하기는 어렵다. 텍스트를 이해하고 해석하는 과정이 없으면 감상은 성립될 수 없고, 감상을 동반하지 않는 비평도 있을 수 없다. 그러므로 작품에 쓰인 언어를 섬세하게 읽으면서 그 의미를 파악하되, 작가의 의도에만 집착하지 않고 작품의 메시지를 자신의 삶, 우리 인간들의 욕망이나 세태와 연결 지어 느끼고 생각하는 활동이라는, 다소 폭넓은 의미로 받아들이기로 하자. 이 책에서도 감상은 이상의 여러 유의어들과 엄밀한 구별을 두지 않고 이해, 해석, 비평 등 모든 읽기 활동을 대표하는 의미로 쓴다.

다만 감상이 여타의 활동과 변별되는 중요한 지점 하나만은 염두에 둘 필요가 있겠다. 그것은 작품이나 텍스트의 수용자가 작가의 의도나 텍스트 자체의 의미를 읽어 내는 데 머물지 않고 어떤 수준에서든 자신의 감정과 정서, 사상과 신념, 인간관과 세계관을 드러내는 주체 되기라는 점이다. 인식적 차원이나 윤리적 차원, 그리고 미적 차원 등등에서 작품이나 텍스트가 던지는 질문을 찾아내고 그 질문에 답하는 과정에서 주체의 흔적을 남기는 것, 이것이 감상다운 감상의 최소 조건이 되는 셈이다.

감상의 세 얼굴

6️⃣ 거울의 용도는 어디에 있을까?

 누구나 하루에도 몇 차례씩 거울을 본다. 거울은 왜 보는가? 거울 본래의 용도는 비추어 보기, 곧 성찰에 있다. 무엇을 비추어 보는가? 그것은 '나'와 '우리'이다. 앞에서, 감상의 한자어 표기 '鑑賞'에서 '鑑'이 거울이라는 의미를 지니고 있다고 했다. 거울을 보면서 헝클어진 머리카락과 옷매무새를 정돈하듯이, 작품이라는 거울에 독자 자신의 마음과 삶, 독자가 포함된 공동체의 모습을 비추어 보는 것이다. 이는 곧 자기화의 한 국면이다.

 가령 다음과 같은 시를 읽었다고 가정해 보자.

늘
강아지 만지고
손을 씻었다

내일부터는
손을 씻고
강아지를 만져야지

- 함민복, 「반성」 전문[3]

    이 시를 읽으면서 반려견을 사랑하는 화자의 마음을 읽어 낼 수도 있다. 강아지와 함께 사는 사람들의 입장에서는 당연하고도 한결같은 마음일 것이다. 그렇다면 반려견만이 아니라 반려묘猫, 반려 식물에 이르기까지 자신이 애착을 갖는 모든 대상으로 범위를 넓혀 갈 수 있을 것이다. 아마도 이 시의 화자처럼 강아지를 만지고 손을 씻었던 독자라면 뜨끔했을 것이다. 작품이 거울이 되는 순간이다.

    그러나 여기에서 멈추는 건 좀 아쉽다. 시인은 어떤 마음으로 이 시를 썼을지 상상해 보자. 강아지를 만진 후 손을 씻는 건 자연스러운 일일 수 있다. 그런데 문득 미안한 마음이 든 것이다. 이뻐하면서도 손에 불결한 것이 묻었다고 생각했던 것은 무엇 때문이었을까? 손을 씻는 순간 강아지를 사랑하는 자신의 마음이 가식이었음을 깨달은 것이다. 그러면서 강아지를 진정으로 사랑한다면 오히려 만지기 전에 자신의 손에 묻은 불결한 그 무엇을 씻어 낸 후에 만졌어야 하지 않았나 하는 생각이 떠올랐던 것이다. 시인이 제목을 '반성'으로 정한 의도도 여기에 있을 것이다.

그렇다면 이 시에는 단순히 반려견을 대하는 태도에 머물지 않고, 사랑의 본질에 대한 성찰이 숨어 있다고도 볼 수 있다. 사랑에 가식이 깃드는 순간 그것은 진정한 사랑이 될 수 없다는 **주제 의식**을 읽어 낼 만하지 않겠는가?

말 그대로 너무나 자연스러워서 단 한 번도 의심을 품어 본 적 없는 일이었는데 그것이 잘못되었다는 걸 깨닫는 순간이 있다. 알고 보면 그것은 자연스러운 것이 아니었던 셈이다. 누군가는 이 시를 읽으면서 반려견을 넘어 연인, 부모, 자식 등을 떠올렸을 수도 있다. 사랑한다는 이유로 자신의 틀로 상대를 재단하고 상대가 자신의 뜻에 맞추어 주기를 원했던 것이 아니었을까 하는 등, 자신이 사랑을 베풀던 방식에 대한 성찰로 확장되어 나가는 것이다.

여기에서 그치지 않고, 사랑이 오히려 억압이 되는 우리 시대의 병통에 대한 성찰로 더 나아갈 수도 있다. 이렇게 되면 이 짧은 여섯 줄짜리 시 한 편이 우리 시대 전체를 비추는 커다란 거울이 되는 셈이다. 감상을 한다는 것은 이처럼 **작품이라는 거울**에 수용자 자신의 삶과 수용자가 속한 공동체를 비춰 보는 일이다.

〝 피로를 무릅쓰면서도
여행은 왜 가는 걸까?

　누구나 여행에 나선다. 모든 여행에는 피로가 수반되는데도 굳이 짐을 챙기고 집을 나서서 낯선 곳으로 간다. 휴식을 위한 여행조차도 피로는 필연적이다. 그런데도 왜 우리는 여행에 나설까? 그것은 낯선 장소, 낯선 풍경을 접하고 낯선 사람들을 만나는 데서 오는, 긴장이 동반된 묘한 즐거움 때문이다.

　문학 작품을 포함하여 모든 글 읽기 또한 그러하다. 문학 작품은 물리적으로 '지금-여기'에 속박되어 있을 수밖에 없는 인간의 시선을 '그때-그곳'으로 안내한다. 자신이 살던 공간을 떠나 나그네가 되어 낯선 공간으로 가는 것이 여행이지만, 문학 작품을 만나는 일에는 공간의 이동만이 아니라 시간의 이동도 동반된다.

『나니아 연대기』의 작가 루이스C. S. Lewis는 지난 시대의 문학에 우리 자신의 얼굴만 비추어 보고 만다면 그것은 과거를 낭비하는 것이라 했다.[4] 작품 속 인물이나 화자의 시선으로, 혹은 작품을 쓴 작가의 감각으로 그 시대의 풍경을 보는 것은 특정한 시간과 공간에 속박될 수밖에 없는 경험의 폭을 거의 무한대로 확장하는 통로이자 창을 얻는 것과 같다고 하겠다. 문학을 포함한 모든 독서는 '지금-여기'에 현존하는 독자가 '그때-그곳'으로 여행하는 일이다.

이는 21세기 한국의 독자가 외국 작품을 읽을 때에도, 한국 문학 작품을 읽을 때에도 여전히 유효한 명제이다. 가령 우리가 익히 알고 있는 황순원의 「소나기」를 읽은 기억을 떠올려 보자. 이 소설의 초점화자焦點化者는 소년이다. 징검다리 한가운데 앉아 세수를 하고 있는 소녀는 "분홍 스웨터 소매를 걷어 올린 팔과 목덜미가 마냥 희었다."로 묘사된다. 소년의 시선에 왜 '분홍 스웨터'와 '흰 목덜미'가 포착되었을까? 시골에서 자라난 소년으로서 자신이 알고 지내던 또래 아이들에게서 찾아볼 수 없었던 외양이었기 때문일 것이다.

「소나기」가 세상에 나온 때는 한국 전쟁이 끝날 무렵인

1953년. 그 당시 농촌 마을에서는 남녀노소를 불문하고 주로 남루한 무채색의 옷을 입었다. 그런 환경에서 채도 높은 분홍색 옷감은 당연히 눈에 띌 수밖에 없었다. 게다가 며칠 후에 소년과 소녀가 함께 노니는 장면에서 묘사된 소녀의 하의는 '남색 스커트'였다. 소년의 눈에 그것은 필시 이국적이기조차 했을 것이다.

'흰 목덜미'는 또 어떤가? 위생 관념이 별로 없었던 시절, 시골 농촌 마을에서 자란 아이들이란 대개 제대로 씻지도 않아서 꾀죄죄한 몰골을 하고 있었다. 며칠 지난 후에 소년이 물속에 비친 자신의 얼굴을 보았을 때의 반응은 "검게 탄 얼굴이 그대로 비치었다. 싫었다."였다. 소녀가 소년에게 얼마나 **매력적인 타자**였을지를 짐작할 수 있다.

오늘날의 어린이나 청소년이 이 작품을 읽게 되면 소년이 왜 '분홍 스웨터'와 '흰 목덜미'에 눈을 주었을까 하는 의문을 가질 만한데, 이는 감상이라는 행위에 제대로 부합하는 가치를 갖는다. 이런 식으로 만나는 의문이야말로 과거의 삶을 접하는 보람이기도 하다. '지금-여기'와는 다른 세상의 풍경 다른 사람의 생활과 생각을 작품이 보여 주기 때문이다. 그런 세상과 그런 사람을 경험한 사람과 그렇지 않은 사람의 차이는, 눈 내리고 바람 부는 설악산 대청봉을 경험한 사람과 그렇지 않은 사람의 차이이기도 하다.

그런 종류의 경험들은 삶의 필요를 충족하는 데는 무용無用할 것이다. 그러나 '사냥을 위한 독서의 경험'이 아니라 '춤을 위한 독서의 경험'이 그러하듯이 정신을 자극하고 마음을 확장하는 데 기여한다. 그것은 **인간다움의 질**을 높이는 일이다. 문학 독서든 영화 관람이든 자신의 일상에서 겪어 보기 어려운 경험을 하고 그 낯선 경험에서 오는 경이로움을 느끼는 것, 그것은 감상의 또 다른 얼굴이라 할 수 있다.

❝ 독백을 넘어서는
대화의 미덕은 무엇일까?

 '독백'은 혼자서 하는 말이다. 독백은 자아 내부에서 일어나는 일이므로 균열이나 긴장이 일어나기 어렵다. 건조하기 십상이다. 이에 비해 '대화'는 자신과 정체성이 다른 타자와 소통하는 일이다. 정체성이 다르기에 자신의 시선과는 다른 시선으로 보는 세상을 만날 수 있다. 그래서 둘 사이에는 긴장이 흐를 수 있고 종종 균열도 있을 수 있다. 그 긴장과 균열이 이완과 봉합으로 이어지는 과정이 반복되면서 대화는 무엇인가를 생산한다. 그것은 지적인 발견일 수도 있고 윤리적인 깨달음일 수도 있으며, 정서적인 교감이나 미적인 희열일 수도 있다.

앞서 말한 대로 감상이 작품을 거울 삼아 독자 자신과 우리 공동체를 비추어 보는 일이라면, 이는 곧 작가 및 작품과 독자가 대화를 나누는 일이라고도 할 수 있다. 글을 쓴 사람의 시선과 나의 시선이 만나서 이루어지는 지적·윤리적·정서적·미적 소통인 셈이다.

작품에 담긴 뜻을 헤아려 보는 일은 **작품과의 대화**가 될 것이고, 작품을 쓴 작가의 마음을 헤아려 보는 일은 **작가와의 대화**가 될 것이다. 그런데 대화의 상대는 더 추가될 수 있다. 소재, 주제, 모티프, 이미지 등을 고리로 삼아 상호 텍스트성을 가진 다른 작품을 불러들인다면 대화의 상대는 더 많아지고, 대화의 구도는 더욱 입체성을 띠게 된다.

모든 작품은 자극이다. 모든 유기체가 그러하듯 글을 읽는 독자는 자극에 반응하게 마련이다. 자극과 반응의 관계는 질문과 대답의 관계로 치환될 수 있다. 그리고 질문은 독자에 따라 위로나 격려, 질책, 당위적 명령 등의 모습으로 감지될 수도 있다.

질문을 발견하는 순간 독자는 답을 찾기 시작한다. 미완성의 답일지라도 찾는다. 그런데 작품이 던지는 질문을 발견하는 일은 의무가 아니기에 답을 찾는 일 또한 쾌락이 될 수 있다. **억압 없는 쾌락**[5]을 느끼는 것이다. 그리하여 작품을 읽고 감상하는 일은 질문과 대답의 형식으로 이루어지는 대화가 될 수 있다.

박완서의 「자전거 도둑」이라는 작품을 예로 들어 보자. 고향을 떠나 청계천 세운상가 전기용품 도매상의 점원으로 일하고 있는 열여섯 살 수남이 이 소설의 주인공이다. 배달용 자전거가 바람이 세차게 부는 바람에 넘어져 고급 자동차와 부딪친다. 자동차 주인은 수리비를 달라면서 자전거에 자물쇠를 채운다. 자동차 주인이 자리를 비운 사이에 주변 사람들의 부추김에 용기를 얻은 수남은 자전거를 들고 도망을 친다. 수남은 "마치 오래 참았던 오줌을 시원스레 누는 듯한 쾌감까지 느꼈다." 사정을 전해 들은 주인 영감은 칭찬을 하지만, 정작 수남은 무척 괴로워한다.

이 소설을 읽은 독자라면 '수남의 괴로움은 무엇 때문이었을까?' 하는 질문을 발견할 수 있다. 그러면 다각도로 답을 모색할 수도 있다. 자동차 주인한테 잡힐지 모른다는 공포심 때문이었을까? 자동차 주인한테 미안함을 느껴서였을까? 아니면 정당하지 못한 방법으로 위기를 벗어난 데 대한 죄책감 탓이었을까? 만일 공포심이나 죄책감 때문이었다면 가게로 돌아온 수남은 '자동차 주인이 혹시 자신을 찾아오면 어떻게 대응할까?' 하는 고민에 압도되었을 텐데 그런 모습은 보이지 않았으니 앞서 모색한 답을 스스로 부정하고 새로운 답을 찾게 된다. 알고 보면 도둑질일 수도 있는데 그런 짓을 하면서 "오래 참았던 오줌을 시원스레 누는 듯한 쾌감"을 느꼈단 말인가? 그렇다면 앞으로 내가 진짜 도둑이 되지 않겠는가? 이것이 수남이 느낀 괴로움의 실체였음을 파악한다. 수남의 괴로움은 자전거를 들고 뛸 때 죄책감이 아닌 쾌감을 느낀 데서 비롯된 자기반성에서 나온 것이구나 하고 깨닫게 되는 것이다.

이와 같이 질문을 발견하고 답을 모색하는 과정은 작품 속 인물과 독자 사이의 대화라 할 수 있다. 이는 또한 작가가 제목에 '도둑'을 내세울 때부터 품고 있었을 법한 질문과 그에 대한 답일 수도 있다.

작가가 작품을 통해 던지고자 했던 질문은 대략 다음과 같이 정리될 수 있을 것이다. 인간이란 무엇인가? 도덕적 양심에 따라 잘잘못을 구별할 줄 아는 것이 인간이다. 잘잘못을 구별할 수 있으면서도, 그리고 잘못인 줄 알면서도 잘못을 저지를 수 있는 것도 인간이다. 이때, 그래도 죄책감을 느끼는 것이 인간이다. 그런데 정작 그런 순간에 쾌감을 느낀다면 그것은 양심도 없는 인간 아닌가? 인간이라면 거기에서 쾌감을 느꼈을 리가 없다. 그런데 수남이라는 이 순진한 아이는 잘못된 일을 저지른 것 자체보다 거기에서 쾌감을 느낀 것을 오히려 더 크게 자책하는 인물이다. 어떤가? 도덕적 양심이라면 최소한 수남 수준의 자기 성찰 능력은 가져야 하지 않겠는가?

그리고 이런 질문에 대해 답을 하는 과정은 결국 **독자 자신과의 내적 대화**로 이어질 수밖에 없다. '위기를 벗어나기 위해 꼼수를 썼고 그래서 성공했는데 거기에서 쾌감을 느낀 적은 없었던가?' 하는 질문을 자신에게 던져 보는 것이다. 그렇게 되면 거울 삼기로서의 감상과도 만나게 된다.

Class 2.

감상의 세계로

감상의 계단 오르기

66 우리는 왜
자신의 감상을 공유하는가?

―――――――

　　우리가 일상에서 보고, 듣고, 읽고, 체험하는 어떤 것을 **미적 대상**으로 삼는 순간은 바로 우리가 감상을 시작하는 순간이다. 우리는 그러한 감상을 자신만의 생각으로 두기도 하지만, 다른 사람과의 대화를 통해, 혹은 글로 남겨서 **공유**★하기도 한다. 그렇다면 우리는 왜 자신의 감상을 다른 사람들과 공유하는 것일까?

　　누군가와 함께 영화를 보고 대화했던 경험을 떠올려 보자. 작품에 대해 "그 장면은 정말 소름이 끼쳤어.", "그 인물은 내 옛날 모습을 보는 것 같아." 등과 같은 말을 주고받는 사이, 각자의 생각은 언어로 구체화되었을 것이다. 또 서로의 생각

> ★ 공유
> 공유는 자신이 경험하거나 느낀 바를 타인과 나누는 행위이다. 디지털 콘텐츠를 제공하는 많은 플랫폼은 이용자 의견의 공유 공간을 마련하고 있다. 이 공간에서 이용자의 감상은 게시물, 댓글, '좋아요' 등의 형식을 통해 공유되고, 이를 매개로 한 다층적인 상호작용 과정에서 새로운 의미와 해석이 생성된다. 이 과정에서 감상은 사회적·문화적 맥락 속에서 재구성되기도 한다.

을 듣고 비교하고 같은 장면에 웃거나 눈물 흘렸던 경험을 나누면서, 감상을 나누는 일 자체가 또 하나의 즐거움이 되기도 했을 것이다. 이렇듯 감상을 주고받는 일은 서로의 생각을 나누고 작품을 다시 떠올려 보는 즐거운 경험으로 이어진다.

 온라인 공간에서도 감상을 매개로 한 소통을 쉽게 찾아볼 수 있다. 많은 사람들은 무언가를 감상한 후 온라인 플랫폼에 저마다의 감상을 표현하고 공유한다. 예컨대 〈그림 1〉과 같은 온라인 공간은 감상이 공유되는 플랫폼이다. 이곳에서 우리는 별점 평이나 짧은 관람평 등 타인이 남긴 감상을 접할 수 있다. 이처럼 디지털 공간에서 상호작용하는 우리는 플랫폼에 접속해서 자신의 감상을 남기기도 하고, 다른 이의 감상을 읽기도 한다.

 표현되고 공유된 감상은 곧 다수와 만나는 지점을 형성한다. 다른 이의 감상을 읽은 누군가는 다시 작품의 메시지를 들여다보기도 하고, '내 마음도 이런 거구나.'라며 타인의 생각에 공감하기도 하며, 작품에 대한 새로운 이해로 나아가기

감상평

별점을 선택해주세요
★ ★ ★ ★ ★

감상평을 작성해주세요.   등록

• **공감순** • 최신순   스포일러 포함

★★★★★ 10
관람객 "어른이 된다는게 이런건가봐 기쁨이 줄어드는거"
fnrd**** · 2024.06.12. 12:07 · 신고
👍 8,726   👎 303

★★★★★ 10
관람객 결국 시작은 '잘 해내야한다'는 불안감. 그냥 좀 못합시다, 뭐 어때요
smgg**** · 2024.06.12. 13:07 · 신고
👍 5,360   👎 164

그림 1. 영화 〈인사이드 아웃 2〉에 대한 온라인 감상 평.[1]

도 한다. 또한 공유된 감상이 다시 다른 이의 생각을 자극하여, 함께 해석하고 토론하는 장이 형성되기도 한다. 감상이 거인만의 사유의 결과물로 그치지 않고, 함께 읽고 해석하며 나누는 활동을 매개하고 있는 것이다.

이렇듯 감상을 공유하는 경험은 감상을 지속하게 만드는 힘이다. 내가 느낀 것을 누군가가 받아들여 주고, 그 감정에

'좋아요'나 댓글이 더해지는 순간, 우리는 다른 누군가와 연결되었다는 감각을 느낀다. 그리고 이러한 상호성은 감상이 사람들 사이를 잇는 **소통**의 한 형태임을 보여 준다.

    이 소통은 단순한 교류를 넘어 새로운 의미를 만들어 내는 토대가 된다. 감상을 공유하는 일은 이용자와 이용자 사이의, 그리고 작가와 이용자 사이의 활발한 의미 생성 작용으로 이어진다. 이는 작품에 대한 새로운 관심과 해석을 불러일으키기도 하고, 때로는 문화적 변화의 출발점을 만들어 내기도 한다. 나아가 감상은 제작 과정이나 결과에 대한 피드백으로서 창작자에게도 의미 있게 받아들여지기도 한다. 개인의 반응에서 출발한 감상은, 표현되고 나누어지는 순간 더욱 풍부한 의미를 만들어 내는 것이다.

66 우리는 어떤 감상문에 '좋아요'를 누를까?

앞서 예로 든 온라인 공간에서는 특히 공감 혹은 동의를 의미하는 '👍'(좋아요)를 많이 받은 감상들부터 상단에 노출시킨다. 영화 〈인사이드 아웃 2〉에 대한 온라인 감상 평(그림 1)에서 가장 많은 공감을 받은 "어른이 된다는게 이런건가봐 기쁨이 줄어드는거"라는 평은, 영화에서 가장 인상 깊었던 하나의 대사를 인용했을 뿐인데도 많은 사람들의 공감을 얻었다. 2위를 차지한 감상은 "결국 시작은 '잘 해내야한다'는 불안감. 그냥 좀 못합시다, 뭐 어때요"라는, 영화의 핵심 메시지에 공감한 한 관객이 남긴 감상이다. 이 영화가 성장통을 잘 그려 낸 영화라는 점과 관객에게 좋은 거울이 될 수 있는 영

화라는 점을 포착한 감상이 많은 사람들을 설득한 것이다.

그렇다면 어떤 감상이 많은 사람들의 '공감'을 얻는 걸까? 다시 말하면, 어떤 감상이 많은 사람들을 설득하는가? 좋은 감상문을 쓰기 위해 '자신의 생각을 많이 쓰라.'라거나, '자신만의 색깔이 담긴 감상문을 완성하라.'라는 말을 들어 보았을 것이다. 자신의 생각을 솔직하게 표현하고, 비판적이고 창의적인 사고를 통해서 감상자의 개성적 사고를 드러내는 것이 감상에서는 무엇보다도 중요하다는 것을 강조하는 말이다.

그런데 이 지점에서 우리가 생각해 볼 문제가 있다. 솔직하고 개성적인 사고를 드러내는 감상이라면, 어떤 감상이든지 많은 사람들에게 공감을 받을 수 있을까?

학생 A는 대한민국의 경쟁적인 입시 상황을 자극적인 서사로 형상화하여 화제가 되었던 드라마 〈스카이캐슬〉(문보미·박준서 제작, 2018~2019년 방영)을 보고 자신의 경험을 떠올리며 감상문을 썼다. A는 이 드라마가 현실을 잘 그려 내고 있다고 보고, 입시 경쟁에서 살아남으려고 노력했던 등장인물에 대한 경외심을 표현하면서 드라마가 투사하는 실제 현실의 부당함을 토로하는 감상문을 남겼다.

나는 예서의 공부량을 본받아야 할 필요가 있다고 느꼈다. 드라마를 보면서 입시를 위해 고군분투하는 학생들이 위대하다고 생각했다. 그들의 노력이 결코 헛되었다고는 생각하지 않는다. 한편으로 사교육이 공교육을 이기고 있다는 현재의 상황으로서는 우리나라의 교육 문제에 대해 크게 보이콧을 해야 한다는 생각이 들었다.

A는 자신의 경험을 떠올리며 드라마에 대한 자신의 반응을 솔직하게 써 내려갔다고 할 수 있다. 그렇다면 이 '솔직한' 감상은 설득력이 있다고 할 수 있을까?

이 감상문에는 드라마 〈스카이캐슬〉이 전하고자 하는 중요한 메시지와 모순되는 생각이 포함되어 있다. 등장인물 '예서'는 경쟁적인 입시 상황에서 승리하기 위해 도리와 인정을 외면하고 이기적으로 행동했던, 자신의 성공이 무엇보다도 최우선 가치였던 인물이다. 그런 인물의 노력을 본받겠다는 것은, 선정적인 서사를 통해 입시 경쟁을 지옥도地獄道에 비견되게 그려 내며 비판한 드라마의 메시지와 거리가 있다.

이 지점에서 학생 A가 쓴 **감상의 설득력**에 대해 생각해 보자. 이 글은 드라마 전체의 메시지보다 단편적인 부분에만 주목했다. 그리하여 드라마 전체를 고려하여 글을 썼다기보다, 일부만을 끌어와 자신의 생각을 펴는 도구 정도로 활용하고 있다는 인상을 준다. 그러므로 이 드라마에 대해 이야기를 나누고 싶어 하는 독자로서는 이 감상이 설득력이 있다고 느끼기 힘들 것이다. 이 사례는 감상에서 솔직함이 중요하긴 하지만, 그것만으로는 충분한 설득력을 갖기 어렵다는 점을 보여 주고 있다.

다음으로 박지원朴趾源의 『열하일기熱河日記』를 읽은 성인 B의 감상문을 살펴보자. 『열하일기』는 정조 4년, 일세의 문인文人 박지원이 청나라에 사신으로 다녀온 경험을 적은 일기로, 지금도 최고의 고전 중 하나로 칭송받고 있다. 이 고전에 대해 B는 작품을 자신만의 관점에서 비판적으로 평가하는 다음의 감상을 남겼다.

> 『열하일기』에는 중국인을 "되놈"이라고 부르고 이를 한갓 우스갯소리로 치부하는 장면이 등장한다. 또한 길을 가면서 여성의 외모를 품평하면서 시간을 보내는 장면들도 등장한다. 이렇듯 타자와 다른 세계를 존중하지 않는 필자의 시각은 작품 곳곳에 점철되어 있다. 이런 작품이 다양성의 가치를 지향하는 현대의 우리에게 의미가 있는 고전이라고 말할 수 있나? 나는 아니라고 생각한다.

우리가 어떤 대상을 볼 때는, 심지어 칭송받는 고전을 볼 때에도 마찬가지로, '비판적, 창의적'으로 '자신만의' 생각과 관점으로 접근하는 것은 중요하다. B는 이 책이 지닌 고전으로서의 권위에 눌리지 않고 비판적으로 접근하여 자신의 개성적인 생각을 드러냈다. 그렇다면 이 글은 설득력이 있을까?

『열하일기』는 청淸을 오랑캐라며 멸시했던 조선인의 경직된 사고를 비판하는 책이다. 사신단이 청으로 들어선 1780년 6월 27일, 박지원은 일기에 청에 대한 멸시가 조선의 지배층만이 아닌 하층 계급까지 뼛속 깊이 스며들어 있음을 보여 주는 일화를 기록했다. 변방인 국경 지대임에도 번화한 청나라의 길거리를 보고 기가 질린 박지원은, 자신의 식견과 소견 머리가 좁음을 반성하며 하인인 장복에게 이곳에서 태어났다면 어땠겠느냐 묻는다. 박지원과 똑같은 풍경을 보고 있으면서도 장복은 "되놈의 나라인 중국은 싫다."라며 멸시한다. 이에 박지원은 마침 지나가는 소경이야말로 '평등한 눈'을 가진 사람이라고 쓰면서, 편견이 눈을 가려 실상을 보지 못하는 이들의 경직된 사고를 비판한다.[2]

그런 한편으로 박지원은 청나라가 체제 통일을 위해 강요하는 변발辮髮을 보며, 변발로 상징되는 수많은 문화적 경직성의 표지標識들이 오히려 청조淸朝의 불안 요소를 보여 준다고 짚어 낸다. 그는 이 긴 일기 내내 청을 관찰·분석·평가하고 조선을 성찰하며, 인간의 경직된 사고에 문제를 제기하고 그 불합리함을 전경화한다. 그리고 이러한 통찰이 『열하일기』를 시대에 질문을 던지는 문제작으로 꼽게 만드는 이유다.

　B의 감상은 텍스트의 **총체적인 의미**를 살피기보다, 단편적인 부분에 주목한 결과라 할 수 있다. 고전을 우리 시대의 윤리관으로 바라보면 분명히 올바르지 못한 부분들이 등장하는 것도 사실이며, 이를 비판적으로 읽어 내는 것도 중요한 일이다. 그런데도 이러한 감상이 많은 사람들의 공감을 얻기 어려운 이유는 감히 고전을 비판해서가 아니라, 텍스트 전체의 의미와 행간을 고려하지 않고, 부분과 문면의 의미를 텍스트 전체의 의미로 치환하여 단정 지었기 때문이다. B의 감상도 개성적인 사고를 드러내는 감상이라고 모두 설득력을 지니지는 않는다는 것을 보여 준다.

　결국 많은 이들을 설득할 수 있는 감상은 작품 일부만이 아니라 작품 전체의 흐름과 맥락, 메시지를 함께 고려한 감상이라고 할 수 있을 것이다. 솔직함이나 개성은 감상을 더욱 풍성하게 만드는 요소이다. 그런데 거기에 작품을 폭넓게 이해하는 시선이 더해질수록 힘이 있다. 그렇게 쓴 감상은 더욱 많은 이들의 공감과 대화를 이끌어 낼 수 있다.

󠀠❝ 나의 '감상'이
   설득력을 지니려면?

　하나의 미적 대상에 대한 반응은 사람마다 다르고, 해석 또한 다양하다. 그렇다고 해서 이것이 대상에 대한 '어떤' 해석이든 가능하고 타당하다는 것을 의미하지는 않는다. 앞에서 예로 든 A의 〈스카이캐슬〉 감상과 B의 『열하일기』 감상에서 볼 수 있듯이, 솔직하거나 개성적인 요건만 갖춘다고 많은 사람들의 공감을 받을 수 있는 것도 아니다. 어떤 감상은 '오독誤讀'의 결과로 치부되기도 한다. 영국의 철학자 앤 셰퍼드 Anne Sheppard는 "경험으로 볼 때 작품의 옳은 해석이 단 하나일 수는 없겠지만 잘못된 해석은 얼마든지 있을 수 있고, 무엇이든지 믿을 수 없으며, 어떤 비평적 평가는 잘못되어 있다."라

고 했다.[3]

　우리가 어떤 대상을 감상하는 것은 대상에 대한 자신만의 미적 반응을 형성하는 것이다. 그리고 그 감상을 공유하는 것은, **미적 반응의 정당화 과정**이자 다른 사람들을 설득하는 과정이다. 그러므로 자신의 감상이 오독으로 빠지지 않고 다른 사람과의 의미 있는 소통으로 나아가기 위해, 그리고 보다 설득력을 갖추기 위해, 우리는 텍스트를 꼼꼼하게 들여다볼 필요가 있다. 이는 텍스트의 내용을 왜곡하지 않고, 부분의 의미를 텍스트 전체의 의미로 치환하지 않으면서 총체적인 의미를 고려하는 것에서 출발한다. 이를 위해 우리는 작품의 행간과 이면을 촘촘하게, 그리고 총체적으로 살피면서 자신만의 의미를 구성해 나갈 필요가 있다.

　물론 감상에서의 해석이 항상 정해진 방향으로만 수렴해야 하는 것은 아니다. 때로는 의도적으로 기존 의미에 저항하거나 전복하는, 일종의 '오독'이 등장하기도 한다. 일반적으로 오독은 텍스트의 의미를 곡해하거나 왜곡하는 것으로 여겨지지만, 충분한 맥락 이해와 비판적 독해를 바탕으로 한 **창조적 오독**은 관습적인 해석의 틀에 균열을 내고 새로운 의미를 생성해 내기도 한다.

　예를 들어 1998년 초연된 한태숙 연출의 연극 〈레이디 맥베스〉는 셰익스피어의 고전 「맥베스」를 전혀 다른 시각에서 재해석한 작품이다. 이 작품은 원작에서 주변 인물이었던 맥베스 부인을 중심인물로 내세워, 여성의 욕망과 고뇌를 입체적으로 그려 냈다. 그리고 평단으로부터 "셰익스피어에 대한 오독이자 훼손"이라는 비판과 "고전을 새롭게 읽어 낸 창조적 해석"이라는 찬사를 동시에 받으며[4] 논란의 중심에 섰다. 이 오독은 원작을 무시한 결과라기보다, 그것을 깊이 있게 읽고 재구성한 창조적 독해라는 점에서 설득력을 지녔다고 평가할 수 있다. 감상은 자유로운 표현의 장이지만, 그 자유는 텍스트를 정교하게 읽고 사유할 때 더욱 빛난다.

# 감상의 스펙트럼 경험하기

우리가 읽는 것은 작품인가, 텍스트인가?

독자들은 미적 대상을 보며 자신만의 의미를 구성해 내기 때문에, 하나의 텍스트에 대한 독자의 감상은 서로 다르다. 감상의 수는 독자의 수만큼 있을 수 있으므로 그 편폭은 마치 무한한 색을 품고 있는 스펙트럼과 같이 넓고 다채로운 것이다. 여기에서는 감상의 계단을 오른 우리가 이 스펙트럼이 발하는 다채로운 빛을 경험하기 위해, 어떤 관점에서 대상을 감상하면 좋을지 이야기해 보고자 한다.

> 텍스트라는 말 자체가 직조물을 짜는 텍투스라는 라틴어에서 생겨난 말로서, 무엇이 다층적으로 얽히고설켜 있

는 상태를 뜻하고 있습니다. 그러한 구조물들은 인체의 조직처럼 항상 눈에 보이지 않는 몸 깊숙이 내장처럼 있는 것이기 때문에 적극적으로 그 숨어 있는 관계를 찾아내지 않으면, 끌어내지 않으면 잡을 수가 없습니다.[5]

이 인용문은 어떤 대상을 '텍스트'라고 지칭하는 것은, '작품'이라고 지칭하는 것과 다른 면에 초점을 두고 부르는 것임을 보여 준다. 텍스트는 '다층'적 상태의 '구조물'이므로, 독자는 적극적으로 그 의미를 재구성해야 한다. 작품은 '저자가 지어낸(작作)' 것으로서의 의미를 표상한다면, **텍스트**★는 독자가 적극적으로 의미를 구성해야 하는 '틈 많은 구조물(text)'인 것이다.

프랑스 철학자 롤랑 바르트 Roland Barthes는 '작품'과 '텍스트'를 구별하면서 **저자의 죽음**을 선언했다. 바르트는, 작품은 저자 손을 떠나는 순간 고정된 의미를 지닌 완결물이 아니라, 독자의 해석 속에서 끊임없이 그 의미가 재구성되는 기호의 집합체로 작용한다고 보았다.

★ **텍스트**
텍스트는 독자가 자신의 경험, 관점, 생각 등을 바탕으로 그 빈틈을 채워 가며 의미를 만들어 낼 수 있는 열린 구조물이다. 따라서 텍스트 읽기는 내용 이해 차원을 넘어 독자가 의미를 짜 나가는 창조적 행위로 간주된다. 이런 점에서 '작품'보다 '텍스트'라는 개념은 읽기가 지닌 능동성과 개별성을 더 잘 설명할 수 있다.

독자는 이를 적극적으로 해석하고 재구성해 자신만의 텍스트를 만들어 내는 존재다. 텍스트는 저자의 것이 아니라 독자의 것이다. 독자가 해석하는 순간마다 새로운 의미가 생산되기 때문이다.

온라인 댓글 공간은 작품을 텍스트로 보는 적극적인 독자의 모습을 확인할 수 있는 곳이다. 이를 큰 인기를 끈 네이버 웹툰 〈호랑신랑뎐〉의 댓글 공간을 통해 확인해 보자.

고추참치 작가의 〈호랑신랑뎐〉은 연화와 호랑이 모습을 한 인간 지범의 사랑을 그린 웹툰이다. 올곧고 지고지순한 성격의 주인공들은 독자들의 많은 사랑과 응원을 받고 있어, 댓글 공간에는 연화와 지범의 애정 서사를 재구성하는 댓글로 가득하다. 연화를 짝사랑하는 사또도 주요 등장인물이다. 사또는 둘의 애정을 지켜 주는 듯하다가 100화 즈음에 이르러 둘을 헤어지게 하려는 속내를 드러내 독자들의 분노를 크게 샀다.

그런데 작가는 100화를 맞아 돌연 큰 인기를 끈 〈호랑신랑뎐〉의 특별편으로 드라마 〈호랑신랑뎐〉 주인공 역할을 했던 배우들과 인터뷰를 하는 듯한 내용을 삽입했다. 다음은 이 내용을 확인할 수 있는 100화의 일부 컷이다.

컷 1~4는 주인공들을 헤어지게 하려는 사또의 편지가 등

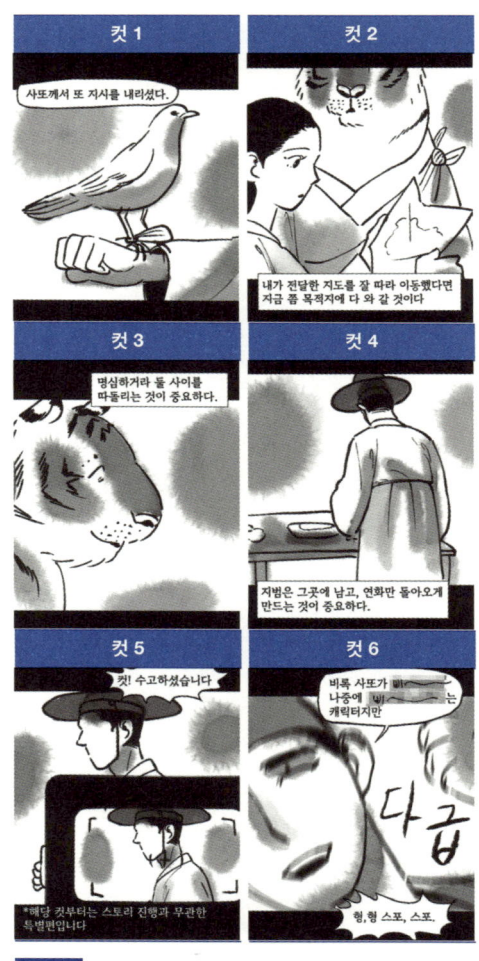

네이버웹툰 〈호랑신랑뎐〉 중 100화 부분. 작가: 고추참치.

장한다. 그런데 컷 5에서는 지금까지의 서사가 모두 드라마 내용의 일부였던 것처럼 제시하고, 컷 6에서는 예능 프로그램에서 배우 인터뷰를 하는 듯한 모습을 그렸다. 흥미로운 점은 컷 6에서 사또 역할을 맡은 배우가 앞으로의 서사 전개를 알려 주는 듯하자 옆에서 지범 역할을 맡은 배우가 다급히 말리고, 이 부분의 텍스트가 가려진 형태로 표상되면서 독자들이 적극적으로 텍스트 재구성에 나섰다는 점이다. 실제로 '스포일러 방지를 위해 가려진' 부분에 대해 네 가지 경우의 수로 추론을 하는 독자의 댓글이 베스트 댓글이 되었다.

> 아이디 Mooner(mmc3****)
> 1. 비록 사또가 악역일지라도 나중에 개과천선 하는 캐릭터지만
> 2. 비록 사또가 지금은 안좋게 보일지라도 나중에 좋은 인물로 밝혀질 캐릭터지만
> 3. 비록 사또가 연화와는 못이어질지라도 나중에 새로운 짝을 찾는 캐릭터지만
> 4. 비록 사또가 현재 모든상황에 우위에 있을지라도 나중에 지범이에게 밝혀져 진짜 복날에 개맞듯 맞을 캐릭터지만

> 답글 22 좋아요 4472 싫어요 6
> - 웹툰 〈호랑신랑뎐〉 100화 베스트 댓글

이 댓글을 쓴 사람(Mooner)은 앞으로의 서사 전개 방향을 합리적으로 예측하면서도, 사또가 두 인물의 애정을 방해하지 않기를 바라는 마음과, 방해할 경우에는 응징을 받기를 바라는 마음을 희화적으로 드러내어 많은 사람들의 '좋아요'를 받았다. 이 100화에 대한 독자들의 댓글 수는 거의 4,500건에 이르고, 대댓글의 수도 이례적으로 많았다.

'텍스트'라는 용어를 '작품'과 대별하여 쓸 때는 보통 독자의 적극적인 해석을 보다 강조하기 위한 의미로 쓰인다는 점을 떠올려 보자. 모든 댓글에서는 독자가 작품을 '자신만의 텍스트'로 구성해 나가는 과정을 확인해 볼 수 있다. 그리고 독자들이 소통하는 이 감상의 장에서 다채로운 감상 스펙트럼이 발하는 빛은 더욱 많은 독자들로 하여금 텍스트 읽기 활동에 흥미를 느끼게 만든다. 따라서 우리가 읽는 것은 고정된 '작품'이 아니라, 독자의 해석 속에서 새롭게 생성되는 살아 있는 '텍스트'라 할 수 있다.

　　우리가 주목해야 하는 것은
　　행인가, 행간인가?

　　텍스트의 의미를 적극적으로 재구성하는 과정은, 작가가 표현하지 않은 것을 읽어 내는 과정이다. 그리고 독자는 텍스트의 행과 행 사이, 표현되지 않은 정보를 담은 '행간' 읽기를 통해 작품의 의미를 다채롭게 재구성할 수 있다.

　　이상李箱의 시 「오감도」를 감상한 독자들의 대화를 통해 **행간 읽기**의 방법을 생각해 보자.

> A: 마치 건축물처럼 보이지 않나요? 띄어쓰기도 없고.
> B: 이상은 '이천 점을 남기려고 했지만 (독자들 때문에) 여기서 그만둔다'라고 하였습니다. 왜 '점'일까요? 이상

은 이걸 '그림'이라고 생각했던 것 아닐까요?

C: 이 중에 몇 명이 무서운 아이고 몇 명이 무서워하는 아이일까요? 여러 개의 해석이 있을 수 있습니다. 제 해석은 무서운 아이 13명, 무서워하는 아이 13명인 것 같아요. 예를 들어 생각해 봅시다. 만약에 제가 수능을 봐야 해요. 내가 잠시 쉬려고 옆을 보았는데 옆의 아이는 공부하고 있어요. 그래서 다시 공부해요. 옆의 아이가 쉬려고 머리를 들어요. 내가 공부를 하고 있어요. 쉬지 못하고 경쟁하는 거죠. (…) 처음엔 공포스러워서 달렸는데 달리는 것 자체가 공포가 되어 버린 세상 아닐까? 그것이 까마귀가 바라보는 오늘의 세상이라고 말하는 것 아닐까?

D: 그러고 보니 정말 시대를 앞서갔네요. 오늘의 시대를 말하는 것 같아요.[6]

위 대화에 참여하는 감상자들은 저마다 서로 다른 접근을 통해 행간 읽기를 하고 있다. A는 텍스트 자체의 형식에 주목해서 행간을 읽고 있고, B는 텍스트 제목과 작가 맥락을 모두 고려하여 읽고 있다. C와 D는 현재의 맥락을 투사해서 작품의 의미를 재구성한다. 흥미로운 점은 서로 다른 접근을 통해 읽어 낸 행간이 공유되면서 작품의 의미를 더욱 풍부하고 다채롭게 구성해 내고 있다는 점이다.

이와 같이 행간을 읽는 방법으로는 작품의 형식이나 내용 등 내적 질서에 대해 고민하며 읽어 내거나, 창작 당시의 사회·문화적 맥락이나 작가 맥락을 토대로 읽어 내는 등의 방법들이 있다. 이에 대해서는 'Class 3. 감상의 도구 상자'에서 보다 깊이 다루어질 것이다.

❝ 텍스트의 이면을 읽는다면 어떤 경험을 할 수 있을까?

    독자가 작품을 텍스트로 보고 적극적으로 행간을 읽으며 자신만의 텍스트를 재구성해 나가는 과정은, 작품의 문면에서 전달되는 주제만을 수용하지 않고 이면의 주제를 재구성하며 읽는 독서 과정이라고 할 수 있다. 그리고 이는 독서 과정을 보다 다채롭게 만든다. 이를 학생 E가 김영하의 『살인자의 기억법』을 읽고 작성한 감상문을 통해 살펴보고자 한다.

    감상문을 이해하기 위해, 먼저 작품의 내용을 살펴보면 다음과 같다.

    『살인자의 기억법』에는 알츠하이머를 앓으며 딸의 부양을 받는 70대 노인의 일기가 시간 순서대로 제시된다. 이 노인은 과거 연쇄 살인범이었으므로, 일기에 과거의 살인을 반추하는 내용도 종종 혼재된다. 딸은 친딸이 아니고, 자신이 예전에 살해한 부부가 어린 딸만은 살려 달라 애원해서 입양해 키운 자식이다. 어느 날 딸은 결혼하겠다며 한 남자를 데려오는데, 노인은 이 남자가 자신과 같은 부류임을 한눈에 알아보고 그를 죽여 딸을 지키려 한다. 소설 결말부에 이르면 이 노인의 일기는 알츠하이머 병증으로 인해 왜곡된 인식 관점에서 쓰인 것이며, '사실'은 일기에 기록된 것과 완전히 달랐다는 것이 밝혀진다. 딸이라고 인식된 이는 노인의 요양 보호사였고, 딸의 남자 친구는 형사였으며, 노인이 죽인 사람은 자신이 딸이라 여긴 요양 보호사였다. 노인이 쓴 일기는 그가 과거에 저지른 살인까지도 세상에 드러내었다.

학생 E는 자신이 이 작품의 행간을 읽어 나가는 과정을 먼저 서술한 다음, '알츠하이머'라는 질병에 대한 깊은 고민을 통해 '시간의 의미'라는 이면적 주제를 재구성해 낸다.

> 스토리의 전개를 좇아 아버지가 딸을 어떻게 지킬까 하는 데 온통 관심을 집중하면, 작품의 마지막 반전에 허무함을 느낄 것이다. 독자들은 보통 소설 작품을 읽으면 '나'로 이야기가 진행되는 경우 서술자를 특히 더 신뢰하

게 된다. 이 작품에서 스스로의 이야기를 서술하는 서술자의 기억이 없다. 그럼에도 우리는 '치매 환자'이며 스스로 기억이 없다고 주장하는 김병수가 서술하는 이야기를 믿으면서 읽게 된다. 그러고는 결국 결말을 보고 뒤통수를 맞은 듯한 허탈감을 느끼는 것이다. 이 작품에서 우리는 치매 환자인 김병수의 이야기만 믿고 따라가고 만 것이 아닌가.

이 작품에서 치매가 의미하는 바가 무엇인지 생각해 봤다. 우리는 흔히 알츠하이머를 현재 기억부터 잃어버리는 질병, 차츰 과거로 되돌아가는 질병으로 알고 있다. 그러나 이 소설에서의 치매는 과거가 현재화되는 질병으로 묘사된다. 과거가 현재화되고 미래도 현재화되어, 너무 많은 현재 속에서 모든 것이 혼란스러운 질병이 바로 주인공이 겪는 질병인 것이다. 김병수는 알츠하이머가 자신에게 내린 천벌이라고 생각한다. **자신이 저질렀던 과거의 악행이 고스란히 현재화되어 과거와의 구분이 없어지고, 그 현재가 영원히 지속되는 것은 법으로는 공소시효가 지나 단죄할 수 없는 죄에 대한 영원한 벌이라는 것이다. 그러므로 이 책은 '시간'이라는 개념에 대해 생각할 거리를 준다.**

E는 알츠하이머가 소설에서 '과거를 현재화하는 질병'으로 묘사된 것이며, 이로 인해 노인은 과거의 악행이 현재가 되는 벌을 받고 있다고 해석한다. E는 반전에 주목하는 데서 그치지 않고 텍스트의 이면을 스스로 파고들며 철학적 사유로 확장해 나가고 있다. '알츠하이머'라는 질병을 단순한 설정이나 반전 장치로 소비하지 않고, '시간의 비틀림'이라는 주제로 연결 지은 감상은 독자의 **능동적인 읽기** 태도를 잘 보여 준다. 치매를 '과거가 현재를 침범하는 질병'으로 읽어 내고, 주인공이 과거의 죄를 현재로 되받는 형벌을 받고 있다고 해석한 부분은 텍스트에 흩어진 단서를 바탕으로 의미를 **재구성**한 결과라 할 수 있을 것이다. 이처럼 텍스트의 표면을 넘어, 행간에서 새로운 사유를 끌어내고 이를 통해 시간과 기억, 죄의 윤리적 구조를 통찰하는 읽기는 주체적이고 창의적인 **이면 읽기**라 할 수 있다. 이 감상은 텍스트를 깊이 읽고 이면의 의미를 포착한 독서의 가치를 잘 보여 준 감상이다.

이면적 주제를 읽는 것은 주제, 시대, 철학적 문제에 대한 통찰과 새로운 사유 주제의 발견으로 이어질 수 있다. 그리고 이 감상문을 통해 E의 통찰을 접한 독자들은 작품의 의미를 더욱 풍부하게 경험할 수 있을 것이다.

Class 3.

감상의 도구 상자

작품과 맥락의 교차

**작가 맥락과
사회·문화적 맥락에
투영하기**

작품이 태어나는 자리에는 무엇이 있을까?

　작품은 작가의 손을 떠나는 순간부터 자율적인 존재로 거듭난다. 그때부터 작품은 오직 독자의 감식안에 따라 이런 저런 의미를 함축한 채 유통되고 소통된다. 독자의 입장에서는 작가보다 작품을 먼저 만나는 것이다. 그러므로 작품의 내재적 요소에 집중하며 읽을 수밖에 없다.

　작품의 내재적 요소로는 흔히 내용, 형식, 표현을 꼽는다. 물론 내용, 형식, 표현을 분리하는 것은 인위적이고 조작적이다. 그러기에 작품을 읽을 때는 이들 요소를 동시적으로 음미하는 것이 일반적이다. 누가, 왜, 언제, 어디에서 썼는지를 모른 채 읽더라도 이들 작품의 내재적 요소를 음미하는 일은 그 자체로 완결성을 갖는다.

그런데 작품을 어떤 맥락 속에 놓으면 작품이 가진 의미는 달리 해석될 수 있다. 맥락을 바탕으로 발견되는 의미는 작품의 내재적 요소에서 발견한 의미와 모순을 일으키며 충돌하는 경우도 없지 않다. 혹은 의미가 특수화되거나 구체화될 수도 있다.

인간 일반의 성정性情을 보여 주는 작품인 줄 알았는데 알고 보니 그 작가의 특별하고도 구체적인 삶이 반영되어 있다는 점을 확인할 수도 있고, 자연물을 보면서 느끼는 감회感懷를 노래한 작품인 줄 알았는데 알고 보니 인간사의 섭리를 보여 주는 작품으로 다시 읽힐 수도 있다. 그것은 작품이 태어나는 자리가 그 의미를 규정해 주는 경우가 많기 때문이다.

작품이 태어나는 자리에는 작가가 있고, 그 작가가 경험한 세상이 있다. 이를 우리는 흔히 **맥락**context★이라고 부른다. 작품은 결국 어떤 특정한 시대를 살았던 작가가 자신의 직간접적 경험 중에서 가치 있다고 판단되는 것을 골라서 언어로 엮은 결과물이므로 작가라는 존재를 무시할 수 없다. 작가는 또한 모든 인간이 그러하듯이 특정한 시대와 지역에서 문화적·자연적 환경의 영향을 받고 자라고 살아가는 존재이므로 작품에는 그 삶의 경험이 자연스럽게 녹아들 수밖에 없다.

이처럼 작가의 삶과 이를 둘러싼 사회·문화적 맥락과 역사적 맥락은 한 편의 작품을 이루는 크고 작은 씨앗이 된다. 뿐만 아니라 작가는 과거에서부터 전승되어 왔던 문학적 관습을 존중하지 않을 수 없고, 선행 작품을 읽는 독서의 경험으로부터 자유로울 수도 없다. 한 송이 국화꽃을 피우는 데 소쩍새가 울고, 천둥이 치고, 무서리가 내리는 등 온갖 존재들이 우주적인 범위에서 개입하듯이, 한 편의 작품 또한 이처럼 다양한 맥락적 요소들이 개입하여 만들어 내는 것이다.

> **★ 맥락**
>
> 맥락의 한자 표기는 脈絡이다. 脈은 본래 '몸에서 흐르는 혈관이 물이 갈라지듯 갈라지며 흐른다'는 뜻이고, 絡은 '잇다, 둘러싸다, 얽다, 묶다, 줄, 그물' 등을 뜻한다. 맥락은 어떤 일의 흐름, 앞뒤의 관계라는 의미로 통용되며, 상황이나 문맥을 포함하는 개념으로 사용된다. 한편 context는 라틴어 'contextus'에서 유래되었으며, 이는 'con'(함께)과 'texere'(짜다, 엮다)"가 합성된 것이다. 이와 같은 어원을 바탕으로 context는 함께 엮여서 의미를 구성하는 맥락이나 상황을 뜻하는 말로 쓰인다.

❝ 작가의 삶을 고려하면
  어떤 이점이 있을까?

　작가 맥락은 작가의 생애 그 자체이다. 작가는 불행한 일, 부끄러운 일, 자랑스러운 일, 감격스러운 일 등 어떤 사건을 보거나 겪었을 때 소통의 욕구나 치유의 의지 등을 바탕으로 이런 경험들을 작품으로 형상화한다. 작품은 작가의 체험, 사상, 감정의 표현물로 보는 관점이 성립되는 근거이다. 그러므로 작가의 창작 동기, 전기적 사실, 심리 상태 등이 작품 이해의 주요한 단서가 된다. 독자는 '누가, 어떤 시기에, 어떤 상황에서, 왜 썼는가?' 하는 물음을 통해 작품에 접근할 수 있다.

　널리 알려진 시조 한 편을 보기로 하자.

이화梨花에 월백月白하고 은한銀漢이 삼경三更인 제
  일지춘심一枝春心을 자규子規야 알랴마는
  다정多情도 병病인 양하여 잠 못 들어 하노라

 이 시조는 고려 말기 이조년李兆年이 지은 것으로 알려져 있다. 시조에는 제목이 없는 것이 상례이지만, 이 노래는 후대 연구자들이 종장의 첫 구절에 착안하여 '다정가多情歌'라는 제목을 붙였다. 이 작품에 대해 작가 맥락을 가리고 읽으면 다음과 같은 감상이 가능하다.

> 이화도 다정다감多情多感하여 저렇게 흐드러지게 웃고, 자규도 다정다한多情多恨하여 피눈물이 나도록 울지마는 그들보다 더욱 심각하고 더욱 애절한 나의 다정다한이야말로 참으로 병통이로구나. 나의 고질이로구나. 이 병통, 이 고질 때문에 나는 아무리 하여도 저 꽃을 버리고, 저 두견의 울음소리를 못 듣는 체하고 방으로 들어가 잠을 잘 수는 없다. 설사 자리에 누워서 자려고 자려고 애를 쓰더라도 허사가 되고 말 것이다. 나는 결국 달빛의 포로가 되고 배꽃에 사로잡힌 바가 되고 더군다나 저 접동새 소리에 붙잡히어서 진정으로 몸 둘 곳을 알 수 없구나.[1]

문면 그대로 '이화'와 '자규' 등의 소재가 환기하는 시각적·청각적 이미지에 주목하고 시적 정황에 대한 화자의 내면에 관심을 두고 읽어 내는 독법이다. 여기에서 다정의 주체는 이화이고 자규이기도 하지만, 무엇보다도 병통의 경지에 이른 다정의 주체는 화자 자신으로 파악된다. 그리고 화자의 다정은 이화와 자규를 향하는 것으로 읽었다. 한마디로 달 밝은 봄밤에 느끼는 애상이다. 물론 이화에 비친 달빛과 자규의 울음소리에 자극을 받아 그리운 사람을 향하는 다정으로 읽을 수도 있을 것이다. 이렇게 보더라도 달 밝은 봄밤의 애상이라는 주된 정서는 달라질 것이 없다.

　그러나 이조년의 전기적傳記的 사실을 대입해 보면 다른 해석도 가능하다. 이조년은 강인한 성품의 소유자로서 당시의 혼란한 정치를 비판하다가 정계에서 밀려나 낙향落鄕한 사실이 있다. 그렇다면 여기에서 다정이 향하는 곳은 임금이나 국가가 될 수 있다. 나랏일을 근심하는 우국지정憂國之情 혹은 임금을 그리워하는 연군지정戀君之情인 셈이다. 봄밤의 아름다운 풍경에 매료된 이의 애상과는 거리가 있다. 맥락을 고려한 감상은 이런 식으로 작품의 의미를 바꾼다.

　이러한 감상의 방향을 더욱 정당화하는 소재는 '자규'이다. 앞서 인용한 감상문에서 말한 대로 자규는 두견이라고도 하고 접동새라고도 한다. 이 새의 문화적 상징은 중국의 설화에 뿌리를 두고 있다. 촉蜀나라의 임금 망제望帝는 위魏나라에 의해 촉나라가 망하자 도망 간 뒤 복위復位를 꿈꾸었으나 뜻을 이루지 못하고 억울하게 죽었다. 그의 넋이 환생한 것이 바로 두견새였다는 것이다. 이 새의 별칭이 촉나라로 돌아가는 길을 뜻하는 '귀촉도歸蜀道'라고 붙은 이유이기도 하다. 새의 울음소리를 '귀촉'으로 받아들여 촉으로 돌아간다는 뜻을 부가하여, 나라의 위태로운 운명을 걱정한다는 상징적 의미로 보편화된 것이다. 그렇다면 이 시조는 이조년의 전기적 사실과 더불어 고려의 기울어 가는 국운國運에 대한 염려를 담고 있는 노래로 간주할 수 있게 된다.

그렇다면 이 시조의 의미를 단 하나의 의심도 없이 정말로 이런 뜻으로 새겨도 될까? 그렇지는 않다. 무엇보다 이 시조를 지은 시기가 언제인지를 확정하지 못하는 한 그것은 매우 위험한 단정이다. 종종 어떤 작품에 대해 작가 스스로 창작 동기를 밝힌 경우가 있지만, 적어도 이 시조에 대해서는 그런 정보가 없다. 다만 하나의 가능성으로 열어 두는 것이 좋겠다.

이와는 달리 비교적 작가의 삶이 직접적으로 투영된 것으로 보이는 작품들도 있다.

> 매화 옛 등걸에 춘절春節이 돌아오니
>
> 옛 피던 가지에 피엄즉도 하다마는
>
> 춘설春雪이 난분분亂紛紛하니 필동 말동 하여라

　우선, 작품의 외적 정보를 무시하고 오직 작품 그 자체만 보기로 하자. 봄이 돌아오고 있는데도 매화나무 가지에 꽃이 맺히는 기미가 없다. 아직도 봄눈이 내리는 시절이니 매화가 과연 필 수는 있을까? 화자의 시적 발상은 이것이다. 기다리던 매화가 피지 않는 데 대한 안타까움의 정서가 묻어난다.

　그런데 이 시조를 짓게 된 동기를 고려해 보면 사정은 달라진다. 지은 사람은 '매화'라는 이름의 평양 기생이다. 그녀가 어느 평양 감사의 총애를 받았으나 '춘설'이라는 이름의 젊은 기생이 나타나자 감사의 총애는 사라진다. 이런 상황에서 지은 작품이 위의 시조로 알려져 있다.

　이 정보가 사실이라면 언어유희에 기반한 중의적 표현에 주목하여 감상할 수 있다. '매화 옛 등걸'은 자신의 늙은 몸, '춘설'은 자신의 연적이 된 기생을 가리킨다. 기다리던 매화가 피지 않는 데 대한 안타까움의 정서는 이런 맥락에서 '총애를 잃어버린 자신의 처지에 대한 서러움'의 정서로 변주된다.

　이런 식으로 주제나 정서가 변주되어 이해되는 것이 작

가 맥락을 고려한 감상의 묘미이다. 그런데 작가 맥락을 절대시하는 것은 작품의 다면적·입체적 아우라에 손상을 가할 수도 있다. 작가 맥락이 대개는 추정이나 추론에 의해 규정도는 경향이 없지 않기 때문에 하나의 가능성으로 참조하는 수준에서 고려하는 것이 바람직하다. 혹 작가 맥락을 구성하는 정보가 확정적인 사실이라 하더라도, 독자에게는 그런 정보와 무관하게 작품을 감상할 자유가 있다.

❝ 사회·문화적 맥락을 고려하면 어떤 이점이 있을까?

사회·문화적 맥락은 인간들의 삶을 둘러싼 사회적 제도나 질서, 문화적 관습, 그들이 지닌 보편적인 정신 자세나 태도, 당대의 지배적 가치관 등을 아울러 가리킨다. 문학 작품은 특정한 시기, 특정한 사회의 다양한 이념이나 사상, 제도, 문화적 관습을 반영할 뿐 아니라 이에 대해 비판적인 질문을 제기하기도 한다.

역사적 맥락은 사회·문화적 맥락의 한 축을 이룬다. 역사적 맥락은 작품을 창작하는 계기가 되거나 그 작품의 배경이 되는 특정한 시기의 역사적 사건에 해당한다. 왕조 교체나 정권 교체 등의 정치적 변동, 식민 통치, 전쟁 등의 국가 및 민족

단위의 사건은 물론이고, 한 공동체 구성원들의 관심이 집중되는 사회적 사건이 작품의 배경이나 소재가 되기도 한다. 특정한 역사적 시기에 나타나거나 사라진 문물 등의 물질적 환경, 그리고 특정 시기를 풍미했던 사상적·정신적 조류도 여기에 포함된다.

역사적 맥락은 사회·문화적 맥락보다 더욱 구체적인 것이 일반적이다. 가령, 앞서 언급했던 황순원의 「소나기」는 농촌 마을의 관습을 배경에 깔고 있어서 사회·문화적 맥락은 감지할 수 있지만, 창작 시기인 1953년의 역사적 맥락은 제거되어 있다. 엄밀하게는 두 가지 맥락의 개념이 구별되긴 하지만, 역사적 맥락은 사회·문화적 맥락을 구성하는 한 요소로 간주해도 무방하다. 독자는 역사적 맥락을 포함한 사회·문화적 맥락을 고려하며 작품을 읽음으로써 작품에 담긴 주제 의식을 더 깊이 있게 이해하고 삶의 보편성과 다양성에 대한 이해를 도모할 수 있으며, 외부에서 주어지는 환경에 대한 인간의 다양한 대응 방식을 확인할 수 있다.

사회·문화적 맥락이 제거되어 있어서 특정한 시대나 특정한 공간을 감지할 수 없는 작품이 없지는 않지만, 대개의 작품에는 창작 당시의 사회 현실이나 작품의 내적 배경이 되는 시대의 사회 현실이 반영된다. 예술이 인간의 삶을 다루는 한 이는 자연스러운 현상이다. 어떤 인간도 특정한 시간과 공간이 축조하는 환경의 영향으로부터 자유로울 수 없기 때문이다.

따라서 사회·문화적 맥락에 비추어 보지 않고 작품에 접근하는 일은 근본적으로 불가능한 일이 될 수 있다. 특히 사회성이 짙은 작품들은 사회·문화적 맥락을 명시적으로 드러내고 있으므로 작품의 '내재적 감상'마저도 '사회·문화적 맥락 중심의 감상'을 배제하기 어려울 수 있다.

> 〈다음 소희〉의 주장을 한마디로 간추리면 노동하는 소녀의 열악한 현실 재고가 아니라 '한 인간이 어떻게 자기 사회로부터 고립되고 마는가'에 관한 도덕적 질문일 것이다. 피해를 보면, 고통을 호소하면, 몸과 정신이 아프면 되레 고립되는 나라에서 어떤 청소년은 입을 닫아 버린다. 그 정도는 누구나 겪으니 괜찮다는 말, 극복할 수 있다는 말, 경쟁에서 이기면 된다는 말, 모든 것이 성장의 일부라는 말을 어렵지 않게 내면화한 이와 그렇게 못 한 이가 성인이 되는 관문 앞에서 갈라진다. 마땅한 질문을 받고 고백할 새도 없이 주류와 비주류, 강자와 약자로 나뉜다. (…)

〈다음 소희〉에서 내가 받은 질문은 이것이다. '지금 또 다른 소희는 어디에 있을까?' 소희의 모습을 한 누군가는 비단 콜센터뿐 아니라 과도한 경쟁으로 고통받는 하청 업체들과 비정규직 노동자를 착취하는 현장 어디에나 있다. 소희는 학교 폭력 현장에도 있고 실력 지상주의 교실 어딘가에도 있다. 자신의 아픔을 외부로 호소하는 읻에 취약한 청소년은 일상의 사소한 어려움 곳곳에 소희의 모습으로 서 있다.[2]

특성화고등학교를 다니는 주인공이 졸업을 앞두고 대기업 콜센터에 현장 실습을 나가서 대면한 공간에서 겪은 이야기를 담은 영화 〈다음 소희〉에 대한 감상문의 일부이다. 그 공간은 일반 고등학교와 특성화고등학교의 학생, 정규직과 비정규직 노동자, 대기업과 하청 업체 종사자들이 위계 관계를 이루고 있는 곳이다.

그러나 이 공간은 특별하지 않다. 우리 사회 어디에나 자리 잡고 있는 주류와 비주류, 강자와 약자 사이의 위계를 드러내는 공간이고, 이에 따라 생성되는 차별과 소외의 공간을 표상하고 있을 따름이다. 이 영화처럼 사회성이 짙은 작품들은 사회·문화적 맥락에 비추어 보면서 감상하는 것이 필연적인 조건으로 부과된다.

이와는 달리 특정한 사회 현실로부터 자유로워 보이는 작품들도 있다. 이런 작품들은 보이는 대로 받아들이면서 감상해도 무방하다. 그러나 사회적·문화적 맥락을 작품 감상에서 징검다리처럼 활용하면 기대하지 않는 감동을 느낄 수도 있다.

널리 알려진 동요 〈꽃밭에서〉를 보기로 하자. 어효선 작사, 권길상 작곡의 서정적인 동요이다. '아빠하고 나하고 만든 꽃밭에'로 시작하는 1절은 누구에게나 친숙하다. 아빠와 함께 만든 꽃밭에 채송화도 봉숭아도 피고, 새끼줄을 따라 나팔꽃도 피어 있는 풍경을 묘사했다. 이 동요의 2절은 다음과 같다.

> 애들하고 재밌게 뛰어 놀다가
> 아빠 생각 나서 꽃을 봅니다
> 아빠는 꽃 보며 살자 그랬죠
> 날 보고 꽃같이 살자 그랬죠

꽃밭을 함께 가꾼 아빠가 부재중이다. 곧 돌아올 예정으로 외출을 한 정도가 아닌 듯하다. 그리움을 자아낼 정도로 긴 이별을 겪고 있는 것이다. 왜 아빠는 부재중이었을까? 그리고 "꽃 보며 살자"는 쉽게 이해되지만 "꽃같이 살자"의 뜻은 분명하지 않다.

이런 의문은 이 노래가 언제 만들어졌는지를 살펴보면 풀릴 수도 있다. 때는 1953년이다. 동족상잔의 비극으로 불리는 한국 전쟁이 휴전 협정을 맺은 때가 1953년 7월 27일이다. 이 노래를 지은 때가 휴전 협정을 맺기 이전 포연이 자욱한 시기였는지 휴전 협정 후 포연이 잦아들었던 시기였는지는 불확실하다. 그러나 휴전 협정 이후라 하더라도 국토는 황폐화되고 대부분의 국민들은 혼란스럽고도 배고픈 나날을 버티며 살지 않았겠는가? 그래서 누군가는 낭만적 색채 가득한 한갓진 노래라고 폄하할 수도 있을 것이다. 그러나 다른 한편으로는, 그런 엄중하고 가혹한 시절에 꽃밭을 가꾸고 꽃을 보며 경탄을 보내는 것이 인간임을 보여 주는 노래로 볼 만하지 않겠는가?

이 노래의 2절 가사는 오히려 애상적이기까지 하다. 전쟁 중이었거나 휴전 직후였으니 아빠의 부재를 여러 가지 상황으로 상정해 볼 수 있다. 멀리 돈을 벌러 떠났을까? 서로 행방을 모르는 이산가족이 되었을까? 아니면 다시 돌아올 수도 없고 만날 수도 없는 상황이었을까? 여기까지 상상력이 펼쳐지면 "꽃 보며 살자", "꽃같이 살자"는 아빠의 말은 한없이 무거운 질량으로 다가온다. 특히 "꽃같이 살자"는 표현은 때를 기다려 다시 소생하는 힘을 함축한 것으로 짐작해 볼 여지가 생긴다.

창작 당시의 상황을 대입함으로써 우리는 '전쟁'이나 '폐허'라는 단어는커녕 그런 이미지를 우회적으로라도 환기하는 표현이 전혀 없는 노랫말, 표면적으로는 단란한 가족의 일상을 소박하게 그려 낸 노랫말에서, 심지어 숭고하기조차 한 우리 인간의 삶의 의지를 발견할 수 있다. 이처럼 사회·문화적 맥락을 배치하면서 작품에 접근하는 일은 독자에게 번외의 지적 에너지를 요구하지만 그 효용은 기대 이상으로 높을 수 있다.

작품 감상에서 맥락은 절대적일까?

맥락에는 이 밖에도 문학사적 맥락이나 상호 텍스트적 맥락도 있다.

문학사적 맥락에 비추어 보며 작품을 감상한다는 것은, 모든 작품들이 선행하는 작품들의 영향을 받으면서 동시대의 수많은 다른 작품들과 경쟁하고 공존한다는 사실을 적극적으로 고려하면서 읽는다는 뜻이 된다.

상호 텍스트적 맥락은 문학사적 맥락의 한 축이 될 수 있다. 상호 텍스트적 맥락은 모든 문학 작품이 잠재적으로나 현상적으로나 다른 작품과 영향을 주고받게 된다는 사실에서 성립되는 개념이다. 모티프나 이미지, 소재나 주제 등을 고리로 하여 둘 이상의 작품이 일정한 관계를 맺는 데 주목하는 것이다. 상호 텍스트적 맥락은 영향 관계를 둘러싼 객관적 사실과 무관하게 독자가 스스로 발견하거나 구성할 수도 있다. 독서의 범위가 넓을수록, 그리고 작품과 이 세상사에 대한 식견이 풍부할수록 이런 감상법은 더 원활히, 그리고 더 자연스럽게 수행될 수 있다.

그러나 이런저런 맥락을 작품에 투영하며 읽는 감상에서 경계해야 할 점이 있다. 그것은 맥락을 절대시하는 경향이다. 맥락은 기본적으로 작품 자체와는 분리되어 있는 요소이다. 분리되어 있는 요소들과 만나는 일은 **추론과 상상**을 동반할 수밖에 없다. 추론과 상상의 미덕은 작품의 내적 질서화에서 개연성을 높이는 데 있다. 결코 어떤 사실을 확정하는 필연적 증거로 삼을 수는 없다. 더욱이 작품의 의미란 본질적으로 확정될 수 없다. 작가의 의도 또한 작품 감상에서는 수용자의 심미적 욕구에 앞설 수 없다. 작가의 의도는 영원히 확정되지 않고 미끄러지는, 실체 없는 가상의 존재일 수도 있다. 오히려 그럴수록 작품은 더 많은 가치를 갖고 더 넓은 공감대를 형성할 수도 있다. 작가의 의도이든 작품의 의미이든 명료성이 미덕이기만 한 것은 아니다.

작품과 맥락 사이, 텍스트와 콘텍스트 사이에는 **대화적**

긴장이 흐를 수 있다. 거기에서 다의성과 모호성이 발생한다. 다의성을 존중하고 모호성을 즐기는 것, 그리고 그 **다의성의 가지**들을 따라가며 읽고 **모호성의 여백**을 채우며 읽는 것이 오히려 작품의 작품다움을 드러내는 길이라 하겠다. 작품을 감상할 때 맥락은 신앙에 가깝게 숭배해서도 안 되고 폄훼에 가깝게 경시해서도 안 된다. 작품에 따라, 상황에 따라 맥락과의 거리를 조절하며 작품에 다가서는 것이 감상을 즐기는 독자의 적절한 태도이다.

문학을 통한 이해와 공감

나와 타자를 두루 고려하기

❝ 문학을 통해
타자를 이해한다는 것은?

우리가 문학을 읽으면서 경험하는 커다란 즐거움 중 하나는 작품 속 다양한 인물의 삶과 생각에 대해 알게 되고 **공감**★할 수 있다는 것이다. 문학은 타자, 즉 나를 둘러싼 세상 여러 존재들의 삶을 다양한 방식으로 보여 준다. 그 과정에서 독자는 다른 존재의 경험과 감정을 깊이 있게 느끼고 이해할 수 있다. 독자는 자신과는 다른

> ★ 공감
> 공감은 타인의 감정이나 경험을 이해하고자 하는 능동적인 행위이며, 이야기 세계나 작품 속 인물에 대한 정서적 반응과 해석적 접근을 동시에 포함하는 개념이다. 따라서 공감은 단순한 동조나 무비판적인 동의와는 구분된다. 진정한 공감은 타자의 입장을 이해하려는 시도 속에서 비판적 사고와 윤리적 판단이 함께 작동한 결과이기 때문에 주체의 삶에 긍정적으로 기여할 수 있다.

배경, 문화, 가치관을 가진 사람들의 내면을 들여다보는 과정에서 상황을 다각적으로 보라보는 눈을 갖게 되고 공감 능력을 키울 수 있기 때문이다.

3막. 대학생 1: 누구나 그럴듯한 계획은 있다

마침내 서울에 있는 대학에 진학했다. 3분에 한 대씩 오는 버스, 서울 전역을 달리는 지하철 덕분에 나는 어디든 갈 수 있는 몸이 되었다. 정해진 부모, 태어난 지역에서 오는 외부적 모순에서 벗어나 이제는 오롯한 나의 선택으로 나의 삶을 꾸려나갈 차례였다. 나는 순수과학을 전공했는데, 하나의 법칙으로 여러 현상을 설명할 수 있는 그 단순함과 명쾌함이 썩 맘에 들었다. 그럼에도 순수과학으로의 진로는 감히 꿈꾸지 않았다. 대한민국 사회에서 순수과학으로 소위 '밥벌이'를 하는 것은 타고난 천재가 아니고선 쉽지 않은 일이라고 생각했기 때문이다. 그리고 마치 당연한 수순처럼 약대 진학을 위한 시험을 준비했다. 그 옛날부터 꿈꿔왔던 '안정적 수입', '하얀 옷', '도시'와 가장 어울리는 직업이었다. 돌이켜 생각해보면 나는 약학이 적성에 맞지 않는다는 것을 알고 있었다. 약학은 응용과학으로 복잡하고 다양한 사례가 엮여있어 한

번에 여러 가지 생각을 하지 못하는 내가 즐길 학문은 결코 아니었다. 소설 속 안진진은 마치 아버지와 이모부를 대상화한듯한 김장우와 나영규 사이에서 고민하다 나영규를 선택한다. 이모의 불행과 말로를 목도하고도 나영규를 선택한 안진진의 결정은 모순의 결정체다. 최초로 자발적 선택을 하는 순간에 안진진도 나도 끝내 불합리한 선택을 하고야 말았다. 우리는 늘 비이성적인 선택을 한다. 선택지를 저울 위에 놓고 쉴 새 없이 기회비용을 계산하려 들지만 기회비용이 없는 선택은 없고, 계산은 자주 틀리기 마련이다.

고려대학교 세종학술정보원 제14회 독후감 대회 대상 수상작[3]

2024년 고려대학교 세종학술정보원이 주최한 독후감 대회에서 대상을 수상한 작품은 양귀자 작가의 장편소설 『모순』을 읽고 쓴 글이다. 『모순』은 1988년에 초판이 출간된 이후 꾸준히 읽혀 온 작품으로, 최근 텍스트힙[4]과 맞물려 판매량이 전년 대비 크게 상승하며 다시 주목받았다.[5] 작품은 스물다섯 살 여성 안진진의 시선을 따라, 가족과 사랑, 인간관계 속에서 드러나는 가치와 감정의 충돌, 즉 모순으로 가득한 삶의 단면들을 섬세하게 그려 낸다.

　이 독후감은 『모순』 속 인물 이야기를 필자의 경험과 자연스럽게 엮어, 다른 사람을 이해하고 공감하는 과정을 잘 보여 준다. 필자는 이모와 엄마의 삶을 비교하며, 겉으로 보기엔 부러운 삶이 꼭 행복을 보장하는 건 아니며, 반대로 불행해 보이는 삶 속에도 나름의 행복이 숨어 있을 수 있다는 걸 발견한다. 이렇게 작품 속 인물들의 삶을 겉핥기식으로 관망하지 않고 인물과 인물, 인물과 사회가 맺어 온 관계를 깊이 있게 들여다보는 시선을 드러낸다.

　특히 필자는 인물들의 선택과 상황을 자신의 이야기와 나란히 놓고 해석한다. 대학에 합격했지만 곧 찾아온 불안과 소속감의 결핍을, 이모가 가족 안에서 역할을 잃고 느낀 권태와 외로움에 빗대어 이해한 것이다. 이런 연결 덕분에 필자는 인물의 경험을 단순히 '느껴 보는' 데서 멈추지 않고, 자신의 현실과 맞물려 삶의 구조와 관계 속에서 새롭게 해석한다.

　결국 이 글은 문학 속 다른 사람의 이야기를 내 삶의 거울로 삼아 돌아보는 태도를 잘 보여 준다. 그리고 반복되는 안정된 일상이 오히려 불안을 낳을 수 있다는 깨달음을 통해, 타인의 삶 속에서 발견한 모순을 나의 경험과 연결해 생각을 넓혀 가는 문학 읽기의 힘을 전한다.

문학 작품은 내용적·형식적으로 우리에게 다양한 관점을 제공한다. 하나의 작품에 여러 등장인물이 나타나 하나의 사건에 대해 서로 다른 생각이나 말을 하기도 하고, 같은 사건을 여러 가지 시점에서 서술하기도 한다는 점에서 그러하다. 이 같은 내용적·형식적 특징은 독자로 하여금 한 사건이나 상황을 다양한 관점에서 볼 수 있도록 훈련시킨다. 이는 타인의 입장을 이해하고, 복잡한 사회적 문제를 다각도로 바라보는 능력을 키우는 데 도움이 될 수 있다.

❝ 문학을 통해
자기를 이해한다는 것은?

문학을 통해 다른 삶을 들여다보는 경험은 결국 자기 자신에게로 회귀한다. 자기 삶을 돌아보고 자기 자신이 누구인지 알아 가는 **자기 이해***로 이어지기 때문이다. 문학 작품 속 인물들의 생각, 감정, 행동을 통해 독자는 자신의 경험과 감정을 반추할 수 있다. 작품에서 다루는 다양한 인간적 갈등과 도전은 독자가 자신의 인생에서 직면한 문제들을 새로운 시각에서 바라보게 한다.

그런데, 문학을 통해 자기 자신을 이해한다는 것은 대체 무엇을 의미할까? 문학은 나의 외부에 존재한다. 문학에 그려지는 삶의 모습 역시 나와 다른, 나로부터 거리가 있는 것들

투성이다. 그런데 우리는 문학을 통해 어떻게 나 자신을 들여다보고 나에 대해 더 이해할 수 있게 된단 말인가.

> **★ 자기 이해**
>
> 자기이해는 문학 작품을 읽고 감상하는 과정에서 독자가 자신의 정서, 경험, 가치관, 삶의 태도 등을 성찰하고 새롭게 인식하는 능동적 과정이다. 문학 속 인물이나 상황에 대한 공감과 비판을 통해 자신과 타인을 비교하거나 동일시하고, 자신과 세계의 관계를 성찰하며, 자신의 내면을 들여다보게 되는 경험 등을 포함한다.

2013년에 알폰소 쿠아론 감독의 영화 〈그래비티Gravity〉가 개봉했다. 이야기의 주인공은 연구원이자 우주 비행사인 라이언 스톤과 베테랑 우주 비행사 맷 코왈스키이다. 두 사람은 허블 우주 망원경을 수리하기 위해 우주에 머물던 중, 러시아 위성이 폭발하며 발생한 잔해들이 이들의 우주선에 충돌하는 사고를 당한다. 이 사고로 인해 둘은 우주 공간에 고립되고, 이후 지구로 돌아가기 위한 절박한 생존 투쟁을 벌이는 이야기가 펼쳐진다.

당시 331만 명의 관객이 이 영화를 보았을 만큼 많은 사랑을 받은 영화 〈그래비티〉. 많은 네티즌들에게 공감을 받은 관람 평들이 보여 주는 것처럼 광활한 우주를 배경으로 한 블록버스터라는 점이 당시 관객들의 이목을 끌기도 했지만, 그 안에 담긴 주인공 라이언 스톤의 서사가 또 하나의 관람 포인트이기도 했다. 네티즌들이 남긴 다음의 평들처럼, 이 영화는

★★★★★ 10

(관람객) 인간 세상에 싫증을 느끼고, 남들과 떨어져 지내기를 소망하지만, 막상 우주 속에서 다른 사람의 손길을 간절히 원하는 여주인공의 모습이 인상적이었습니다. 결국 영화 속에서 말하는 중력이란 사람과 사람간의 관계를 말하는 것이겠지요. 잘 봤습니다.

kcho**** · 2014.04.19. 21:27 · 신고

👍 296   👎 19

★★★★★ 10

(관람객) 무엇보다 음악이 좋았어요. 울렁울렁 거리는 사운드가 아직도 뇌리에서 잊혀지질 않네요. 우주라는 넓고도 광활하지만, 아이러니하게 또한 폐쇄적인 공간의 느낌을 잘 표현했고 땅을 밝고 공기를 마시며 살아가는게 얼마나 행복한 일인지 일깨워준 영화.

blue**** · 2014.03.03. 23:18 · 신고

👍 273   👎 32

★★★★★ 10

(관람객) 우주 공간속 띠끌처럼 나약한 인간의 장엄한 귀환

esci**** · 2014.03.16. 19:48 · 신고

👍 193   👎 10

영화 <그래비티>에 대한 네티즌들의 감상 평[6]

시각적·청각적 쾌감과 함께 인간의 숭고함을 들여다보게도 하고 관계의 소중함을 되새기게도 하는, 중층적 읽기가 가능

한 하나의 텍스트였다.

　재미있는 것은 이런 지점이다. 위의 평을 남긴 세 관람객은 모두 다른 사람일 것이다. 각각 다른 사람이 서로 다른 관람 평을 남겼다는 점은 당연하게 느껴지다가도 문득 이상하다는 생각이 든다. 이 세 사람은 모두 같은 영화를 보았는데, 왜 영화의 서로 다른 지점을 인상 깊다고 짚어 내는 것일까?

> (1) 이제 이 영화는, 그 물음을 끝까지 묻지 않고 '생명의 전제는 생명 그 자체일 뿐이다'라고 말하기 시작하는 것처럼 보인다. 그와 동시에 지구와 우주가 형성하는 구도 역시 '삶 vs 죽음'이 아니라 '생명 vs 비非생명'의 구도로 바뀐다. 앞의 구도에서 삶과 죽음은 맞설 수 있지만, 뒤의 구도에서 비생명은 생명을 위한 준비 단계일 뿐이다. 즉, 왜 죽음이 아니라 삶이어야 하는가를 묻는 구도가 아니라, 생명은 태어나야 한다는 당위 명제가 승인되는 구도다. 알폰소 쿠아론 감독은 우주선에서 우주복을 벗고 산소를 호흡하는 라이언의 모습을 자궁 속에 웅크리고 있는 태아의 형상을 떠올리지 않을 수 없게 보여 주었는데, 이미 그때부터 후반부의 흐름은 예고된 것일지도 모른다.

(2) 그녀는 이 영화가 다루고 있는 것은 '삶의 의미'보다 훨씬 급박한 것이며, 그것은, 내가 완전히 죽은 것은 아니라는 처절한 자각과 관련돼 있다고 했다. 어떤 의미에서 이미 죽은 사람인 라이언은 우주 공간에서 압도적으로 닥쳐온 실질적인 죽음 앞에서 역설적이게도 자신이 아직 살아 있는 사람이라는 것을 자각한다. 죽음 직전의 그녀에게 찾아온 맷의 환각은, 융Jung식으로 말하면, 내면의 남성성(아니무스)이 나타난 것이라고 볼 수도 있다는 것, 그녀의 내면에서 아니마와 아니무스의 조화와 합일이 이루어졌다면 이로써 그녀는 온전한 인간으로 거듭날 수 있다는 것, 이 영화의 후반부는 그러므로 한 여성의 정신적 재생 과정을 보여 준다는 것 등이 그녀의 독법이었다.

(3) 결국 텍스트에 대한 모든 해석은 자기 자신에 대한 해석일 뿐인지도 모른다. 돌이켜 보면 올 하반기 내가 읽은 텍스트들은 대체로 '삶의 의미'라는 주제 둘레로 모여들어 서로 연결되고는 했는데 그것은 아마도 내가 그렇게 되기를 원했기 때문이었을 것이다. 나는 가족과 일상의 소중함에서 답을 찾는 태도가 틀렸다고

생각하지는 않지만 거기에 만족할 수 없었고, 신앙에 근거해 답을 제시하는 (문제를 해결한다기보다는 해소해 버리는 것에 가까운) 태도 역시 받아들일 수 없었다. 그리고 이들과는 다른 방식으로 답을 찾고 싶었다. 이 와중에 이 영화를 보았으므로 여기서도 같은 질문을 발견(투사)했을 것이다.[7]

2013년에 『씨네21』에 게재된 신형철 평론가의 글이다. 먼저 필자는 이 영화가 왜 살아야 하는지 묻지 않고, '생명으로 태어난 이상 살아야만 한다.'는 메시지를 담고 있다고 읽어 낸다. (1)에서 반복적으로 던지는 질문이 이를 보여 준다. 영화는 '생명은 태어나야 한다.'는 당위성만을 내세우고, 이 영화가 시각화하는 주요 이미지는 '생명의 탄생'과 강력하게 연결되어 있다는 것이다. 이러한 읽기는 이 영화가 '왜 죽음이 아니라 삶이어야 하는가?'를 끝까지 묻지 않는다는 점을 불만스러워하는 듯 보인다.

그러다 필자는 같은 영화를 본 다른 관람객과 대화를 나누게 되고, (2)에서와 같이 그 여성 관람객의 영화 읽기 방식을 소개한다. 그녀는 파편이 떠도는 우주는 주인공 라이언 박사의 무의식의 공간으로, 맷의 환각은 내면의 남성성과의 만남으로, 성공적으로 지구로 귀환하는 과정은 한 여성의 정신적 재생 과정으로 이해했다는 것이다. 이는 (1)에서 필자가 이 영화를 이해한 방식과 매우 다르다.

같은 작품에 대해 서로 다른 **해석**이 가능하다는 점, 혹은 서로 다른 해석을 하게 될 수밖에 없다는 점을 우리는 (3)에서 이해하게 된다. 문학이든 영화든 텍스트를 향유하는 자는 자신의 눈으로 그것을 이해한다. 이때 '눈'이란 일종의 은유이며, 각자의 가치관, 경험, 고민, 관심사 등을 투영할 수밖에 없다는 의미이다. 따라서 내가 지금 읽고 있는 이 작품은 내 삶의 문제와 밀접하게 해석될 수밖에 없으며, 그 해석의 결과는 지금 내가 어떤 사람인가를 보여 준다. 필자가 말하듯 '텍스트에 대한 해석은 결국 자기 자신에 대한 해석'일 수밖에 없기 때문이다.

이러한 통찰을 보여 준 것은 신형철 평론가가 처음은 아니다. 프랑스의 철학자 리쾨르 P. Ricoeur는 삶을 이해하는 것, 자기를 이해하는 것은 오직 기호, 상징, 그리고 텍스트를 매개한 이해라고 말했다. 리쾨르는 텍스트를 읽는 일은 자기를 더 잘 이해하고, 자기를 달리 이해하고, 자기를 이해하기 시작하는 일이라고 설명한다.[8]

하지만 (3)이 보다 흥미로운 점은, 텍스트를 통한 자기 이해뿐 아니라 '타인의 자기 이해'를 통해 나 자신을 이해하게 되었음을 고백하는 부분이다. 텍스트를 열심히 보고 해석하려고 노력하는 행위만으로는 보이지 않던 지점이 타인과의 교류를 통해 환하게 드러나는 경험을 보여 주기 때문이다. 그러한 경험은 '내가 왜 이 텍스트를 그러한 방식으로 읽어 내게 되었는가', '그렇게 읽어 낸다는 것은 나에게 어떤 의미인가'를 **메타적**으로 조망하는 기회를 제공한다는 점에서 가치를 지닌다.

다만, 문학을 통해 자기를 이해한다는 것이 자기 개념의 일방적 강화나 자기 합리화로 이어지는 것은 경계할 필요가 있다. 자기 이해는 문학을 경험하기 전의 자기를 확인하는 것이 아니라, '문학을 경험함으로써 달라지고 성장한 자기에 대한 이해'에 보다 가깝다.

물론 이러한 자기 이해가 쉽게 성취되는 것은 아니다. 인간에게는 현재 이해하고 있는 자아를 보호하고자 하는 성향 또한 있기 때문이다. 인간은 기존의 자아 개념을 강화하기 위해 '선택적 노출 selective exposure'을 택하기도 한다.[9] 예컨대 자신의 윤리적 가치에 부합하는 인물의 행동만을 주목하거나, 자신의 윤리적 가치에 부합하지 않는 인물의 행동은 상황 맥락에 상관없이 비판하는 것 등이 그것이다. 그렇기 때문에 스스로 자신의 읽기 방식을 반성하고 작품과 관련된 맥락들을 다양하게 모색하고 연결하는 방식으로 감상의 맥락을 다변화하는 것도 권장하고 싶다.

연결된 이야기들

엮어 읽고
겹쳐 읽기

❝ 텍스트와 텍스트를 엮어 읽고 겹쳐 읽는 것이 왜 필요할까?

 모든 텍스트는 독립적으로 존재하는 것이 아니라, 다른 텍스트와 연결된 관계 속에서 존재한다. 이를 '상호 텍스트성'이라고 한다. 텍스트는 고립된 것이 아니라 문화적 맥락과 기억, 관습, 다른 텍스트들과의 관계망 속에서 끊임없이 의미가 덧붙고 재구성된다. 상호 텍스트성은 하나의 텍스트가 다른 텍스트와 맺는 연관, 참조 관계를 통해 새로운 의미를 만들어 내는 것을 의미하는 개념이다. 그러므로 어떤 텍스트를 다른 텍스트와 관계 지어 나가며 엮어 읽거나 겹쳐 읽으면 텍스트의 의미를 더욱 흥미롭고 풍성하게 감상할 수 있다.

 예를 들어 국립중앙박물관의 기념품 중 굉장히 인기를

김홍도의 그림을 재해석하여 만든 술잔. 차가운 액체로 잔을 채우면 인물의 얼굴과 꽃이 붉게 변한다.

끈 술잔을 살펴보자. 취객의 특징을 잘 잡아낸 인물 표현, 물을 부었을 때 빨갛게 달아오르는 모습 등이 주는 골계적·미학적 재미가 이 잔을 인기 있게 만든 요소일 것이다. 그러나 이 잔이 더욱 흥미로운 텍스트로 읽히는 이유는, 그것이 김홍도의 풍속화라는 과거의 텍스트를 현대적으로 재해석한 결과이기 때문이다. 롤랑 바르트는 해석 가능한 기호의 집합체라면 무엇이든 텍스트가 될 수 있다고 보았다. 이러한 관점에서 텍스트로 읽을 수 있는 이 술잔은, 또 다른 텍스트인 김홍도의 그림과 상호 텍스트성을 형성하고 있다.

[기자] : (…) 이 제품은 회사원인 김지예 씨가 조선 시대 화가인 김홍도의 작품 평양감사향연도에 나오는 사람들을 모티브로 디자인한 것입니다.
[김지예/취객 선비 변색잔 디자이너] : 제가 퇴근 후에 혼자 개인 작업을 하는 게 취미거든요. 작년에는 김홍도 화가가 그린 조선 시대 취객들에 되게 매력을 느꼈고, 작품을 조금 더 현대적으로 해석해서 친근한 제품으로 만들어서 사람들에게 알리자. (…)**10**

왼쪽 잔에 앉아 있는 인물은 김홍도의 〈평양감사향연도〉

김홍도의 〈평양감사향연도〉 3폭 중 '연광정연회도' 부분(국립중앙박물관 소장)으로, 파란색 사각형 안에 있는 인물이 술잔에 등장하는 인물이다.

중 '연광정연회도'의 등장인물로, 작게 그려진 주변 인물을 차용한 것이다. 다른 두 잔의 인물도 '부벽루연회도'의 인물을 활용했다. 즉 우리는 이 잔을 보며 풍속화가 김홍도와 그의 그림, 그리고 잔의 의미를 함께 읽으며, 더욱 흥미로운 이야기를 재구再構할 수 있다.

> ★ 상호 텍스트적 읽기
> 하나의 텍스트를 고립된 채로 읽지 않고, 다른 텍스트와의 관계 속에서 의미를 탐색하는 읽기를 말한다. 감상은 다른 텍스트의 언어·형식·주제와의 만남 속에서 변주되고 확장된다. 이를 통해 독자는 능동적으로 감상의 시야를 넓히고, 개별 텍스트가 지닌 맥락을 다층적으로 읽어 내며, 의미를 재구성할 수 있다.

상호 텍스트적 읽기★는 하나의 텍스트를 다른 텍스트와의 연결성 속에서 감상하는 방식이다. 김홍도의 그림과 회화의 분위기, 그리고 현대인의 일상 속에서 사용되는 술잔이라는 맥락이 서로 얽히면서, 우리는 이 잔에서 유희 이상의 문화적 의미를 읽어 낸다. 상호 텍스트적 읽기가 감상의 지평을 확장하고, 해석을 풍성하게 만드는 것이다. 텍스트와 텍스트 사이의 관계를 읽어 내면서 독자는 의미를 재구성하는 능동적인 해석의 놀이에 참여할 수 있다.

🙤 텍스트 엮어 읽기는 어떻게 할 수 있을까?

　　조선조 가장 비극적인 가족사라고 일컬어지는 영조^{英祖}와 사도세자^{思悼世子}의 이야기는 『조선왕조실록^{朝鮮王朝實錄}』과 같은 역사 기록이나, 혜경궁 홍씨의 『한중록^{閑中錄}』 같은 개인의 기록이 모두 남아 있는 역사적 사실이다. 이 이야기는 몹시 극적인 사건이어서 소설, 드라마, 영화, 만화 등을 통해 현대에도 꾸준히 서사물로 재창작되고 있으며, 2015년에 개봉한 이준익 감독의 영화 〈사도〉는 관객과 평단의 호평을 동시에 받았다. 그리고 이 영화는 혜경궁 홍씨의 『한중록』을 엮어 읽는 과정을 통해 더욱 흥미진진하게 읽어 낼 수 있다.

영조: 어젯밤에 네가 … 긴말하지 말자. 자결하라. 내가 죽으면 나라가 망하지만, 네가 죽으면 300년 종사는 보존할 수 있다.

사도세자: 조선의 국법에 자결이란 형벌도 있습니까? 제가 죄가 있다면 의금부로 넘기십시오.

영조: 이것은 나랏일이 아니라 집안일이다. 나는 지금 가장으로서 애비를 죽이려고 한 자식을 처분하려는 것이야! 너 지금 자결하면 세자의 이름은 잃지 않을 것이다.

사도세자: 언제부터 나를 세자로 생각하고 또 자식으로 생각했소!

대신들: (대신 1) 세자가 죽으면 우린 어떻게 되지? (대신 2) 세자를 모신 우리도 죽는 거야. (대신 3) 우리만 죽나? 우리 가문도 끝장이야. (대신 4) 지금 당신들 가문 걱정할 때요? 나라가 망하게 생겼는데.

어린 정조: (울먹이며) 어머니. 아버지 어떡해.

(사도세자가 칼을 들어 자결하려고 한다. 대신들이 달려 나가서 말린다. 자결에 실패한 사도세자가 돌에 머리를 찧어 피를 흘린다.)

대신: 전하! 아무리 임금이라도 대명률에도 없고 경국대

전에도 없는 이런 처분은 내릴 수 없습니다!
영조: 모조리 끌어내라! 뒤주, 뒤주를 가져오라.

- 영화 〈사도〉 중에서

나는 숭문당으로 해서 휘녕전으로 나가는 건복문 밑으로 갔다. 아무것도 보이지 않고 다만 대조께서 칼 두드리시는 소리와 소조의 목소리가 들렸다.
"아버님, 아버님, 잘못하였습니다. 이제는 하라 하시는 대로 하고 글도 읽고 말씀도 다 들을 것이니 이러지 마옵소서."
내 간장이 마디마디 끊어지는 듯하고 앞이 막히니, 가슴을 아무리 두드린들 어찌하리오. 당신의 용기와 건강한 원기로 대조께서 뒤주 속으로 들어가라 하신들 아무쪼록 들어가지 마실 것이지, 왜 마침내는 들어가셨단 말인가!

- 혜경궁 홍씨, 『한중록』 중에서

『한중록』은 혜경궁 홍씨의 시점에서 서술된다. 혜경궁은 큰 사건에 대해서는 차마 말하지 못하고, 궁중의 여인으로서 비극을 바라보아야만 하는 내밀한 정서를 자세하게 서술한다. 이러한 서술 방식으로 인해 비극성은 한층 강렬하게 다가

온다.

〈사도〉는 『한중록』의 기록을 존중하는 관점에서 사건을 재해석한 영화이므로 사건의 원인과 진행 과정, 결과를 그려 내는 시각이 일관된다. 그러나 이 서사는 혜경궁 홍씨의 시점이 아니라 주로 3인칭 작가 시점에서 영상으로 재현되고 있다. 영상으로 생생하게 재현된 극적 갈등은 관객을 극도로 몰입시키는 한편, 사건을 마주하는 여러 인물들의 모습을 차례로 조명하여 이 사건에 대한 여러 인물의 시각을 보다 잘 이해할 수 있도록 보여 준다.

두 텍스트를 엮어 읽는다면 각 텍스트를 '참조'로 활용하면서, 풍부한 상상력을 통해 인물과 사건을 다각도로 조명할 수 있다. 서로 다른 매체나 관점이 만나는 지점에서는 사실과 해석, 감정과 상징이 복합적으로 어우러져 작품의 의미를 한층 입체적으로 드러낸다. 따라서 관련된 텍스트를 비교하고 참조하는 **엮어 읽기**는 하나의 이야기를 다양한 시각과 해석을 종합하여 더 깊이 이해하도록 한다. 이를 통해 읽고 보는 사람은 과거의 기록이든 창작된 이야기든, 현재의 시선으로 새롭게 성찰하며 더 넓은 감상의 지평을 열 수 있다.

텍스트 겹쳐 읽기는 어떻게 할 수 있을까?

앞에서 텍스트를 서로 참조하며 읽는 방법을 예시했다면, 여기에서는 텍스트를 서로 비교하면서 읽는 **겹쳐 읽기**의 방법을 살펴보고자 한다.

다음은 조선 시대 시가 두 편이다.

> 冬至(동지)ㅅ돌 기나긴 밤을 한 허리를 버혀내여
> 春風(춘풍) 니불 아레 서리서리 너헛다가
> 어론 님 오신 날 밤이여든 구뷔구뷔 펴리라
>
> - 황진이, 「冬至(동지)ㅅ돌 기나긴 밤을~」

陽春(양춘)을 부처 내여 님 겨신 듸 쏘이고져
茅簷(모첨) 비쵠 히룰 玉樓(옥루)의 올리고져
- 정철, 「사미인곡」 중에서

두 시의 '시적 화자'는 모두 여성이다. 황진이 시조의 화자는 동짓달의 차가운 밤을 크게 베어서 '따뜻한 봄바람'(춘풍) 이불 아래 넣어 두었다가 사랑하는 임이 왔을 때 구비구비 펴겠다고 말하고 있다. 한 해 중 가장 긴 밤과 따뜻한 봄의 시간을 마치 물질인 양 그려 내면서, 임과 함께하지 못하는 긴 겨울의 차가운 밤은 짧게 지나가고, 대신 임과 함께하는 따뜻한 봄밤을 길게 지냈으면 하는 소망을 표현한 것이다. 정철 가사의 화자는 '따뜻한 봄볕'(양춘)을 임이 계신 곳으로 보내고, 초가지붕(모첨)에 비추고 있는 해를 임이 계신 옥루에 올리고 싶다고 말한다. 천상의 옥루에 계신 임이 춥지 않고 따뜻하기를 바라는 지고한 사랑을 표현한 것이다. 이 화자들은 '님'과 이별한 상황에서 맞은 한겨울에 임을 생각하고 있다. 이 시들은 그 외에도 공통점이 있다. 두 시 모두 자연물을 인위적으로 변용하는 상상력을 보이고 있다. 또한 겨울과 대조되는 '따뜻한 봄'을 임이 느끼게 해 주고자 하는 애정의 마음이 절실하게 표현되었다.[11]

그런데 두 화자가 자연물을 자의적으로 변용하여 따뜻한 봄으로 임의 공간을 채우고자 하는 이유는 약간 다르다. 황진이 시조의 화자는 헤어진 채로 보내는 지금의 지루한 시간을 짧게 줄이고, 앞으로 임과 만났을 때 더욱 길게 행복한 시간을 보내고 싶다는 소망을 담는다. 즉 임과 함께하는 세계에 대한 기대감을 표현하고 있는 것이다.

반면 정철 가사의 시적 화자는 임과의 만남을 기대하지 못하고 있다. 화자는 작품의 끝에서 "출하리 싀어디여 범나븨 되오리라 (…) 님이야 날인 줄 모르샤도 내 님 조추려 ᄒ노라."라고 말하며 살아서는 임을 만날 기약이 없으니 차라리 죽어서 범나비가 되어 임을 만나 보겠다는 소망을 표현한다. 시적 화자는 그저 이렇게 이별한 상황이고, 다시 만날 기약은 없더라도, 임의 나날은 따뜻하기를 바라는 끝없는 애정을 표현하기 위해 '양춘'이라는 소재를 활용하고 있다.

이 두 시가를 비교하며 겹쳐 읽으면, 조선 시대 시가의 여성 화자들이 표현하는 외로움과 애정의 여러 면을 다채롭게 읽어 낼 수 있다. 그리고 자연물을 변용하는 시적 상상력이 정한情恨이라는 쉽게 표현하기 힘든 정서를 강렬하게 형상화해 낸다는 점을 이해하고, 이를 통해 서정적 형상화의 효과에 대해 더욱 깊이 느낄 수 있다.

함께 읽기

소통을 통한
깊이 읽기

❝ '함께 읽기'란?

　문학 읽기를 통해 자기 삶의 다양한 맥락을 더 넓고 깊게 해석하는 일이 자기 자신에게로의 침잠을 통해서만 이루어지는 것은 아니다. 문학을 읽고 대화하는 일은 경험을 확장하고 깊게 할 수 있다. 최근 부각되는 **사회적 독서***의 개념 역시 이와 맥락을 같이한다. 인간이 본래 사회적 존재라는 점을 생각하면 인간이 수행하는 독서 행위 역시 근원적으로 사회적 행위일 수밖에 없으며, 따라서 모든 독서는 사회적 독서로서의 속성을 지닌다.

　그러나 사회적 독서의 존재론적 특성에 관심을 갖는 것만큼이나 사회적 독서가 개인적 독서와 구별되는 특수성에 대한 관심도 가질 필요가 있다. 문학 읽기는 개인적 읽기를 넘어서 개인과 공동체 간 연결, 이를 통한 각각의 확장을 통해 함양될 수 있기 때문이다.

> **★ 사회적 독서**
> 사회적 독서는 인간이 본질적으로 사회적 존재라는 전제에서 출발한다. 이러한 존재론적 전제를 바탕으로 볼 때 독서 행위 역시 타인과의 관계 속에서 이루어지는 사회적인 활동이다. 문학을 읽고 지식·감정·경험을 나누는 일상의 대화, 온라인 북 리뷰, 오프라인 독서 모임 등은 독서가 개인적 차원을 넘어 사회적 실천으로 확장되는 대표적 사례들이다. 이처럼 사회적 독서는 타자와의 공존을 배우고, 공동체에 대한 감수성과 사회적 책임 의식을 함양하는 데 중요한 기초가 된다.

이러한 측면에서 '함께 읽기'에 주목할 수 있다. 함께 읽기란 '공동체가 공유한 관점에 따라 선택한 텍스트를 일정 기간 각자 읽은 뒤 정기적으로 함께 모여 그 텍스트에 대한 대화를 나누는 일' 정도로 규정할 수 있다.[12] 함께 읽기에 참여하는 여러 독자는 동일한 텍스트를 읽더라도 서로 다른 해석을 해내는 **주체**이다. 함께 읽기 국면에서는 참여자들 간의 서로 다른 이해가 갈등을 유발하면서도 상호 존중 속에서 끊임없이 대화를 추동해 나간다.

최근 인스타그램, 유튜브, 블로그 등 소셜 미디어를 통해 책을 읽어 주거나 소개하는 콘텐츠가 양적·질적으로 크게 성장하는 추세이다.[13] 읽고 대화하는 활동에 참여하고 지식을 공유하며 하나의 읽기 공동체를 구축하고 있는 북 리뷰 콘텐츠를 제작하고 공유하는 일 역시 작품 읽기만이 아니라 읽기 과정과 결과의 공유, 상호 교류이고, 작품을 읽는 나와 타자를 깊이 이해하는 일이며, 작품 자체를 깊고 풍부하게 이해하는 방법이다.

💬 '함께 읽기'에서 대화는 언제 종결될까?

 '함께 읽기'는 감상을 나누는 과정이자, 타인의 시선에 나의 해석을 비추며 되묻는 행위다. 이 대화는 결코 하나의 정답이나 명료한 결론에 닿지 않는다. 오히려 해결되지 않은 질문을 곱씹고, 다시 던지며, 끝나지 않는 감상의 여백을 확장해 간다. 그렇다면 함께 읽기에서의 대화는 종결될 수 있는 것일까?

 이치조 미사키의 소설 『오늘 밤, 세계에서 이 사랑이 사라진다 해도』에 대한 다음의 대화에서는 작품에 대한 독자들의 평가가 뚜렷하게 드러나는 편이다. 이 작품은 '선행성 기억상실증'을 앓아 자고 일어나면 전날의 일을 모두 잊는 한 소녀와 건조한 인생을 살아온 소년의 사랑 이야기이다. 다음의 대화는 이 작품을 읽고 여러 독자가 모여 함께 읽기를 하는 장면을 보여 준다.

독자 A는 자신의 취향이 아닐 뿐만 아니라 새로움도 없는 텍스트라고 평가했고, H 역시 기대나 소개와 달리 뻔한 이야기라고 보았다. 반면 독자 C는 이 소설의 장점을 강조한다. 통속적인 연애 소설이고 뻔한 사건이 등장한다고 해도 그것들을 언어로 구체화하여 표현한 점이 C에게 인상적이었다는 것이다. 함께 읽은 텍스트가 개별 독자들에게는 좋은 평가를 받을 수도 있고 아닐 수도 있지만 그러한 개인의 평가나 호오好惡가 대화를 멈추게 하지는 않는다. 그러한 이해와 체험의 차이는 이어지는 **대화** 속에서 꾸준히 대화의 동력으로 작용한다.

> 독자 A : 솔직히 말하면 제 취향은 아니었어요. 이거 '너의 췌장을 먹고 싶어'라는 영화도 있고, 원래 소설이 먼저 나왔던 건데 비슷해요. (…) 다 연속선상에 있는 것 같은 느낌이어서 저는 새롭지 않았어요.
> 독자 B : 별로 마음에 안 들지만 끝까지 계속 읽었어요. (…) 이 책을 추천하신 우리 C 님, 저는 C 님이 추천해

서 놀랐어요. (…)

독자 C : 저는 이 소설이 좋았는데요. 우선은 연애 소설이기 때문에 굉장히 통속적이고 클리셰가 많이 있는 것은 사실입니다. (…) 소설적으로는 자주 만나지만 현실적으로는 사실은 접해 본 적이 거의 없는 그런 사건을 두 개를 접목시키면서 그것을 경험한 아이의 그런 감각이라든지 감정 그리고 이제 매일 아침에 같은 상황을 경험해야 하는 그 슬픔, 또 아쉬움 그리고 이걸 매일 경험하고 있는 나를 지켜봐야 하는 나의 부모님. 어느 날은 이게 너무 끔찍해서 아무도 만나고 싶어 하지 않는 아이의 모습. 이런 것들을 면면이 보여 줬다는 점이 굉장히 좋았고요.

(…)

독자 C: 이 아버지가 저는 그렇게 막 화를 내고 할 때 사실 좀 안타깝고 안쓰러웠어요. 아, 이 사람은 누군가의 도움을 받지 않고서는 온전하게 서지 못하는 그런 형식의 사람이구나. 좀 안쓰러웠어요, 저는.

독자 D: 저는 안쓰러운 것까지는 아니지만, A 님이 되게 이상하다고 하셨는데, 그 아버지가. 근데 현실에는 충분히 아버지뿐 아니라 어느 누구도 존재할 수 있는 모습이다, (…) 그런 게 인간적인 것 같아요. 우리가 되게 정말 이상적으로 다 잘하기 어려운 모습들도 그렇고. (…)

(…)

독자 D: (…) 이 아버지의 이 한도, 사실은 가정을 책임져야 했던 가장으로서의 무게도 분명히 있었을 거라는 생각도….

독자 C: 아버지가 소설을 계속 쓰긴 쓰잖아요. 그런데 보내지 못한 소포로 자기 방에 쌓여 있죠. 그게 너무 인간적으로 공감이 되는 거예요. 자신을 확인했을 때의 그 두려움과, 그리고 그게 점점 자기 안에서 누적되어서 스스로를 작게 만드는 그것들, 근데 그걸 자녀한테는 보여 주고 싶지 않은 가장의 모습, 이런 게 되게 공감이 됐어요.[14]

등장인물 중 '아버지'에 대한 평가가 독자들마다 상이하다. '아버지'가 '이상하다'는 A와 '안쓰럽다'는 C가 대립하는 가운데 D는 '아버지' 같은 인간형이 존재할 수 있다는 인정의 태도를 보인다. 여기서 D의 말과 태도는 인물 이해의 차이를 인정하면서도 그러한 차이를 조정하며 접점을 찾아낸다는 점에서 소중하다. 그 접점을 근거로 C는 '아버지'에 대한 자신의 해석을 좀 더 구체적으로 언어화하기 때문이다.

C는 '아버지'가 보이는 무기력하고 소극적인 모습이, 꿈을 가지고 있지만 생활인으로서의 삶도 유지해야만 하는 대부분의 우리와 같은 모습이라는 점에 강하게 공감한다. 이러한 부연은 독자마다의 이해가 다르다는 앎의 평면적 **수용**에서 한 걸음 더 나아가게 한다. 무엇이 어째서 달라지는지에 대해 파악할 수 있게 하기 때문이다. 특히 C가 '아버지'에 대한 인간적 공감을 표하는 대목은 함께 읽는 동일한 텍스트에 대한 참여자들마다의 이해에 차이가 생기는 이유를 보여 준다.

이 책을 C가 추천한 것이 놀라웠다는 B의 말에서 알 수 있듯이, 텍스트에 대한 평가는 그 책을 읽은 독자에 대한 이해와도 연결되어 있다. C가 추천한 것이 가장 놀라웠다는 B의 말, 일종의 질문이기도 했던 그 말에 대한 응답은, 연애 소설임에도 불구하고 주인공들의 사랑보다는 소망을 가지고 있지만 그 소망 때문에 위축된 채 살아가는 아버지에게 더 공감하는 C의 발언에서 나타난다.

이처럼 '함께 읽기'에서의 대화는 즉각적으로 응답되지 않을 수도 있지만, 대신 손쉽게 종결되지 않고 텍스트의 해석과 연관성을 유지하며 해결되지 않은 질문에 대한 답을 찾고자 노력하는 과정적 성격을 지닌다.

❝ '함께 읽기'의 결과는 모두에게 같을까?[15]

　함께 읽기는 단일한 해석에 이르기 위한 협의가 아니다. 오히려 각자의 경험, 질문, 감정이 촘촘히 얽히며 새로운 감상의 결을 만들어 내는 일이다. 같은 작품을 읽으며 출발했지만, 우리가 만나는 감정의 높낮이와 의미의 지형은 모두 다르다. 함께 읽기의 진정한 가치는 그 다양성을 받아들이고 서로의 해석을 통해 세계를 더 넓게 바라보는 데에 있다.

　성석제의 『내가 그린 히말라야시다 그림』은 미술보다 축구를 좋아하던 백선규가 선택의 기로와 좌절의 경험 속에서 성장하는 이야기를 담고 있는 소설이다. 이 소설은 '0'과 '1'이라는 두 인물의 교차 서술로 진행된다. 두 인물이 서술자가 되는 만큼 각 인물의 성격이나 태도가 서술된 사건을 이해하는 데 매우 중요한 단서가 된다. 다음의 대화는 이 작품을 읽고 여러 독자가 모여 함께 읽기를 하며 서로 다른 감상의 결과를 나누는 장면을 보여 준다.

독자들은 등장인물 '1'에 대한 서로 다른 해석을 내놓는다. 독자 E는 '1'이 멋지고 투명한 성격을 가진 매우 매력적인 인물이라고 보지만, F는 비현실적으로 과장된 여성 인물이라고 보았고, G는 이야기 구조에 입체성을 더하는 기능을 하는 인물이라고 말한다.

> 독자 E : '1'의 삶의 태도가 매력적인 건 저는, 너무 쿨한 거예요. 물론 금수저였고 가진 자의 쿨함이라고 누군가 얘기하면 또 그 나름의 이유가 있겠지만, 저는 이제 그렇게 얘기하고 싶지 않고, (…) 자기 자신을 굉장히 이렇게 투명하게 바라본다고 해야 되나요?
>
> 독자 F : 전 오히려 그래서 불편했는데. 왜 유한계급의 여성 캐릭터를 이렇게 무념무상하고 세상에 욕심이 없고 자기에 대한 애착이 없는 존재로 그리는가. 이 소설 전체가, 한번 보세요. 이름을 가진 자는 남자밖에 없어요. '선규'를 이끌어 준 선생님만 '천수기'라는 이름으로

굉장히 자주 등장하고. 그리고 '0'의 짝이 되는 '1'인데, '0'과 '1'의 서술이 번갈아 가면서 이 소설을 끌어 나가는데 '1'은 이름이 없어요.

(…)

독자 G : 저는 좀 달랐어요. 그런 생각을 하긴 했어요. 이름이 없구나. 이렇게 있는 집 여자아이로 이렇게 보일 수 있구나 생각을 했지만, 이 아이가, '1'의 존재가 있어서 작품이 굉장히 입체적으로 됐다는 생각이 들거든요.

(…)

독자 G : 이게 부유함 때문이야라고 평가절하할 일은 아닌 게, 부가 아니더라도 자기한테 충족감이 있으면, 저는 이게 가능하다고 생각하거든요. (…)

독자 F : '1'의 아버지의 말이 지금의 관점으로 보면 좀 문제적으로 보이지만, (…) 그 당시로 봤을 때는 엄청난 사랑을 받으면서 자란 딸인 거죠, 부잣집에서.

독자 E : (…) 그리고 이거는 이 '1'의 캐릭터는 되게 예술적이고 문학적이다, 그래서 이런 것들을 감상할 수 있는 눈이 있고 이렇게 표현할 수 있는 재능이 있구나, (…)

독자 F : 그러면서 동시에 아무도 모르는 비밀을 간직하고 끝까지 우월한 지위를 놓치지 않는 거죠. '백선규'가 한국 최고의 화가면 뭐 해, 그 시절 그 오점을 나만 알고 있는데, 그런 어떤 재미, 삶의 재미, 이런 게 또 있었을 것 같아요.

독자 E : F 님, 그거 속으로 그렇게…. (웃음)

독자 F: 지금 얘기하잖아요. 제일 처음에 많은 비밀을 가지고 있는 것 같아. 그림을 그리는 방법, 색채를 내는 방법. 그 '비밀'에 자기만 알고 있는 그 비밀도 포함되어 있는 거죠.

(…)

독자 E: 근데 진짜 너무 감동적이네요. 왜냐하면 그 재능을 알아보고 어쩌면 그 한 번의 그 비밀을 자기가 눈감아 준 것은 내가 우월해서가 아니라 그냥 저 사람은 그렇게 하지 않았어도 잘할 사람이니까라는, 서로를 알아보는 눈이 있었을 수도 있겠네요.

독자 F: 어떤 계기에요?

독자 E: 같이 앞뒤에 앉아서….

독자 F: 같이 뒤에 앉아서 그리면서, 뒤를 돌아보면서 코를 찡그리죠, 가난의 냄새가 난다고.

독자 E: 그때 그림을 봤을 수 있지요.

독자 F: 완성하지 않고 걔는 먼저 떠났어요, '1'은. 죄송해요. 순수 동화 제가 다 더럽히네. 죄송합니다. (웃음)**16**

독자들은 이 소설의 스토리 속에서 '1'이 매우 결정적인 행동을 하기 때문에 '1'을 이해하는 것이 중요하다는 점에 공감하면서도 그 인물을 어떻게 해석하고 평가할 것인가에 대해서는 쉽사리 합의점을 찾지 못한다. 반복되는 대화 속에서 '1'에 대한 평가는 다음과 같이 일단락된다. G는 부유한 환경에서 성장했지만 그만큼 내적 충족감을 가진 아이로, F는 아버지의 사랑을 받으면서 자란 아이로, E는 예술적 감수성을 가진 아이로 바라보면서 '1'이 가진 긍정적인 속성에 대해 일정 정도의 동의가 이루어지는 것이다.

하지만 이 역시 인물 성격 판단의 완전한 종결은 아니다. '1'에 대한 평가는 바로 이어지는 대화 속에서도 간극을 드러낸다. '0'을 제외하고, 대상을 받은 그림의 비밀을 알고 있는 유일한 사람인 '1'이 그 비밀에 대해 어떤 태도를 지녔을지에 대한 이해에 있어 일부 독자는 '0'의 그림 실력에 대한 인정이나 존중을 강조하고, 일부 독자는 선의로만 해석되기는 어려우며 '1'은 자신의 우월감을 드러내는 또 다른 방식을 취한 것이라는 점을 지적한다.『내가 그린 히말라야시다 그림』에 대한 함께 읽기가 끝날 때까지 'I'에 대한 독자들의 해석은 끝내 하나로 수렴되지 않지만, 그러한 해석의 차이는 **해석의 다양성**, 그러한 다양한 해석을 가능하게 하는 삶의 다양성, 그리고 이해의 불일치를 경험하는 계기가 된다.

    이러한 불일치가 삶의 이해에서 왜 중요할까? 불일치야말로 삶의 이해를 개인적 지평의 제한된 이해로부터 구하는 계기이다. 타자와의 불일치는 '나'의 주관성을 인식하는 계기이자, 나의 이해가 보다 타당함을 설득할 기회이다. 이처럼 함께 읽기에서의 독자 간 감상의 불일치는 대화를 통한 상호 주관성의 확인과 보완을 거친다.[17]

💬 '함께 읽기'가 '깊이 읽기'로 이어지려면?

함께 읽는다고 해서 반드시 깊이 읽게 되는 것은 아니다. 이야기를 나누는 자리가 때로는 피상적인 감상에 머무르기도 하고, 서로의 다름을 확인하는 데 그칠 때도 있다. 함께 읽기가 깊이 읽기로 이어지기 위해서는, 읽은 것을 말하는 데서 멈추지 않고, 말한 것을 다시 질문하고 사유하는 태도가 필요하다. 누군가의 감상이 또 다른 질문을 낳고, 그 질문이 다시 나를 돌아보게 만들 때, 함께 읽기는 단지 같이 읽는 행위를 넘어, 더 깊이 이해하고 생각하는 여정이 된다.

인물 이해의 과정에서 나타나는 독자 간 충돌은 대화에 자주 등장하는 편이다. 김애란의 단편집 『비행운』에 수록된

「서른」은 젊은 여성이 자기 삶을 회상하는 형식이다. 주인공 수인은 열심히 살고자 발버둥치지만 결국 자신의 제자까지 다단계 회사에 밀어 넣고 마는 인물로 그려진다. 이 문제적 인물에 대한 이해는 독자들 간의 논쟁적인 대화를 끌어낸다.

> 독자 H : 여기서 그런 대목이 있어요. "열심히 살았냐고 묻는다면 '그렇다'고 대답할 수 있을 것 같은데. 어쩌다, 나, 이런 사람이 됐는지 모르겠어요."라는 문장이 있거든요. '수인'의 마음을 잘 표현해 주는 대목 같아요. 도대체 '수인'의 삶은 뭐가 문제인가. 분명히 문제처럼, 문제적인 것으로 보이는데 이 문제가 왜 생기는 건지 듣고 싶었어요.
>
> (…)
>
> 독자 I : '수인'은 정말 거기서 한 발 삐끗해서 지금 여기까지 이렇게 몰려 있게 되는 그런 상황이 양쪽으로 그려지는데 너무 마음이 아팠어요.
>
> 독자 H : 무겁지만 너무 재미있지 않나요? 너무 정말 악화일로로 치닫지만 아무튼 그 사건 자체가 진짜 현실감 있고. (…) 저는 '수인'이 이렇게 후회하는 상황까지 오게 된 건 굉장히 맹목적으로 자기 세계에 갇혀 있었

기 때문이라고 생각하거든요. 「서른」의 수인이는 함께, 공동체, 주위 사람을 살피지 못했어요. 공동체 속에서 내가 뭘 해야 되는지, 내가 이 사람과의 관계 속에서 뭘 해야 되는지, 뭘 하지 말아야 되는지, 이런 것들을 충분히 고민하지 못했다고 생각하거든요.

독자 I : 근데 그걸 고민할 기회가 수인이에게 주어지지 않지 않았나요?

독자 H: 그건 알 수 없죠. 지금 '수인'이 자기의 어떤 자기 고백적 편지를 통해서 말하고 있기 때문에 수인이가 보는 세계, 경험했던 세계만이 수인이의 입을 통해 말해지고 있어서 우리가 객관적인 판단이 어렵기는 하지만. 제가 이런 얘기를 하는 게 뭐냐면, 수인이를 탓하기 위해서가 아니라, 물론 우리가 앞에 「큐티클」에서도 얘기했지만, 한 인간이 그 사회에서 온전히 정착하지 못하고 위기감을 느끼고 한다는 건 개인만의 문제가 아니라 사회가 져야 되는 책임도 있는 거죠. 그런데 문제는 사회가 개인을 책임져 주는 데 한계가 있고, 현실적으로. 그럼 이 사회 속에서 내가 나를 지키기 위해서라도 뭘 해야 되는가. '수인'처럼 선의를 가지고 자기의 삶을 잘 꾸려 나가려고 했지만 결국에 결과가 이렇게 모두에게 불행으로 다가오는 일을 막기 위해서 뭘 해야 되는가. 그런 고민을 던져 주는 작품이라는 생각이 들었어요.

독자 J: H 님의 말씀에서, 이게 '수인'에게서 잘못의 원인을 찾고 탓하려는 것은 아니라는 점을 생각하고 그다음을 얘기하면, 충분히 그런 지점에 대해서 우리가 얘기를 하고 한 발 더 나아갈 수 있을 것 같아요.[18]

위 대화에서 J는 '수인'의 아픔에 깊이 공감하며 인물을 안쓰러워하지만 H는 '수인'이라는 인물과 거리감을 유지하며 비판적 태도를 보인다. H는 '수인'이 열심히 살아온 방식은 공동체 속 자신의 삶을 고민하지 못했기 때문이라고 보는 것이다. 이에 대해 I는 '수인'에게 그럴 기회조차 주어지지 않았다고 보았고, H는 1인칭 주인공 서술자로서 '수인'의 말은 전적으로 신뢰할 수 없다는 점을 언급한다. 결국 '수인'의 삶에 대한 참여자들의 평가는 모두 상이한데, 이러한 차이는 독자들이 함께 대화의 전제를 구축함으로써 다른 국면으로 전환된다.

H가 '수인'의 삶을 문제적이라고 평가하는 이유가 '수인'이라는 개별 등장인물을 비난하기 위해서가 아니라 사회가

개인을 책임지지 않는 상황 속에서 선의를 가진 개인이 자기 삶을 잘 꾸려 나가기 위해 어떤 일을 해야 하는가에 대한 질문을 던지기 위해서임을 설명하자, J는 "그런 지점에 대해서 우리가 얘기를 하고 한 발 더 나아갈 수 있을 것 같"다고 동의한다.

작품에 대한 감상은 인간에 대한 이해만큼이나 다양할 수 있고, 그 다양성은 존중받아야 한다. 그러나 다양성을 존중한다는 이유로 충돌하는 관점이나 의견들을 있는 그대로 방치하는 것은, 좋은 삶에 대한 공동체적 합의를 이끌어 내어 그러한 삶을 향해 나아가는 힘을 약화시킬 우려도 있다. 위의 사례는 서로 다른 감상의 결과를 공유하고, 감상의 차이를 직면하고, 작품을 읽고 이해한 결과와 대화 중 주고받는 질문의 의도와 취지를 공유함으로써 독자들 간 공감대를 형성해서 이후의 논의를 진전시켜 나가는 함께 읽기의 양상을 잘 보여 준다.

이러한 함께 읽기의 양상은 독서 공동체가 단순한 감상 공유를 넘어 감상의 차이를 존중하고 그 배경을 탐색하는 질문과 응답의 과정 속에서 깊이 읽기의 단서를 마련하고 있음을 보여 준다. 차이를 드러내는 일은 불일치를 확인하는 데 그치지 않고 각자의 해석이 어떤 맥락과 관점에서 비롯되었는지를 탐색하게 만들며, 이는 곧 작품에 대한 이해의 지평을 넓히는 계기가 된다. 다시 말해, 함께 읽기는 타자의 감상과 질문을 통해 자신의 독서를 다시 들여다보게 만드는 거울이자 독서가 사적인 해석을 넘어 타자와의 교섭을 통해 심화될 수 있다는 가능성을 여는 문이다. 이러한 대화적 과정이 축적될 때, 비로소 함께 읽기는 깊이 읽기로 이어질 수 있다.

주註

Class 1. 감상이란 무엇일까?

1 도정일(2014), 『별들 사이에 길을 놓다』, 문학동네, 141쪽.
2 이인화(2022), 「문학교육에서 수용 계열 개념어에 대한 연구」, 『문학교육학』 76, 한국문학교육학회, 323쪽.
3 함민복(2015), 「반성」, 『날아라, 교실』, 사계절.
4 C. S. 루이스 지음, 윤종석 옮김(2021), 『책 읽는 삶』, 두란노, 124쪽.
5 김현(1991), 「문학은 무엇을 할 수 있는가」, 『한국문학의 위상/문학사회학-김현 문학전집 1』, 문학과지성사, 51쪽.

Class 2. 감상의 세계로

1 〈네이버 영화〉, 영화 〈인사이드 아웃 2〉 관람평. https://search.naver.com/search.naver?where=nexearch&sm=tab_etc&mra=bkEw&pkid=68&os=32619620&qvt=0&query=인사이드%20아웃%202%20관람평
2 박지원 지음, 김혈조 옮김(2009), 「〈도강록〉 6월 27일기」, 『열하일기 1』, 돌베개.
3 앤 셰퍼드 지음, 유호전 옮김(2001), 『미학 개론 - 예술 철학 입문』, 동문선, 20쪽.
4 김숙현 기자(2008), 「〈레이디 맥베스〉, 변화의 기로에 서다 - [특집] 연극 〈레이

디 맥베스〉리뷰」, 『프레시안』, 2008. 4. 22. https://www.pressian.com/pages/articles/88323

5 이어령(2023), 『이어령 전집 15 - 시 다시 읽기』, 21세기북스. 인용문 중 '텍투스'는 라틴어 '텍스투스textus'의 오기인 듯하다.

6 이 대화는 한 예능 프로그램에서 이상의 「오감도」를 해석적으로 읽어 나가는 한양대 정재찬 교수와 패널들의 대화를 옮긴 것이다. 〈[#선녀들] 조선시대 하입보이 이상의 시, 해석하면 소름 돋는 이유...💀 | #전현무 #유병재 #하니 MBC230903〉(2023. 9. 4.), 엠뚜루마뚜루 : MBC 공식 종합 채널. https://www.youtube.com/watch?v=yDGDMs3gOWg

Class 3. 감상의 도구 상자

1 이희승(1949), 「시조 감상 일수」, 『학풍』 2(1), 을유문화사.

2 김소미(2023), 「고립을 막는 질문들」, 『고교 독서평설』 384호, 지학사.

3 〈제14회 독후감 대회 『모순』 수상작 - 대상, 최우수상〉, 고려대학교 세종학술정보원. https://libs.korea.ac.kr/book-support/book-review-contest/winner/

4 텍스트힙(Text Hip)이란 "'글자'를 뜻하는 '텍스트(Text)'와 '힙하다(Hip, '멋있다', '개성 있다')'를 합성한 신조어로, '독서 행위가 멋지고 세련된 활동으로 인식되는 현상'"을 의미한다.

5 신연수 기자(2024), 「한강 신드롬이 독서 열풍으로.. '텍스트힙' 유행 가속화」, 『한경』, 2024. 10. 21. www.hankyung.com/article/202410218383i

6 〈네이버 영화〉, 영화 〈그래비티〉 관람평. https://search.naver.com/search.naver?where=nexearch&sm=tab_etc&mra=bkEw&pkid=68&os=1785236&qvt=0&query=영화%20그래비티%20관람평

7 신형철(2013), 「[신형철의 스토리-텔링] 태어나라, 의미없이」, 『씨네21』, 2013. 11. 29. https://n.news.naver.com/mnews/article/140/0000023635?sid=004

8 폴 리쾨르 지음, 존 톰슨 편집·번역, 윤철호 옮김(2003), 『해석학과 인문사회과학』, 서광사, 327쪽; 이기언(2009), 「폴 리쾨르: 해석학과 자기이해」, 『불어불문학연구』 79, 한국불어불문학회, 424쪽.

9 정진석(2013), 「윤리적 가치 중심의 소설 읽기 연구」, 서울대학교 박사 학위 논문, 58쪽.

10 노유진 기자, 〈술 부으니 잔속에 '취객 선비'…힙해진 전통 굿즈에 열광〉(2024. 1. 25.), SBS 뉴스. https://news.sbs.co.kr/news/endPage.do?news_id=N1007513534

11 「사미인곡」을 여러 고전 텍스트와 겹쳐 읽는 상호 텍스트적 읽기 방법은 다음 논문에서 확인할 수 있다. 류수열(2009), 「〈사미인곡〉의 콘텍스트와 상호텍스트적 읽기」, 『독서연구』 21, 한국독서학회.

12 이인화(2022), 「문학교육에서 수용 계열 개념어에 대한 연구」, 『문학교육학』 76, 한국문학교육학회.

13 백희정(2023), 「사회적 독서 공간으로서 북튜브의 활용 가능성과 읽기 교육 방향 탐색」, 『한국초등국어교육』 77, 한국초등국어교육학회, 95~125쪽.

14 〈오늘밤, 세계에서 이 사랑이 사라진다 해도〉(2023. 6. 1.), 우사사북리뷰. https://www.youtube.com/watch?v=m2xD3RVHRTM

15 이 절의 내용은 이인화(2024), 「사회적 독서로서 '함께 읽기'의 사례 연구」, 『국어국문학』 207, 국어국문학회, 175~213쪽의 내용을 일부 발췌했다.

16 〈"내가 그린 히말라야시다 그림", 성석제, 창비, 우사사북리뷰65 (ft. 채연)〉(2023. 6. 15.), 우사사북리뷰. https://www.youtube.com/watch?v=59OQpGlfP2c

17 미학대계간행회 편(2007), 『미학의 문제와 방법』, 서울대 출판문화원, 2007, 893쪽.

18 〈"비행운", 김애란, 문학과지성사, 우사사북리뷰60〉(2023. 3. 18.), 우사사북리뷰. https://www.youtube.com/watch?v=LMFy104fhuw

참고 문헌

단행본

김현(1991), 「문학은 무엇을 할 수 있는가」, 『한국문학의 위상/문학사회학-김현 문학 전집 1』, 문학과지성사.
도정일(2014), 『별들 사이에 길을 놓다』, 문학동네.
미학대계간행회 편(2007), 『미학의 문제와 방법』, 서울대 출판문화원.
박지원 지음, 김혈조 옮김(2009), 「〈도강록〉 6월 27일기」, 『열하일기 1』, 돌베개.
이어령(2023), 『이어령 전집 15 - 시 다시 읽기』, 21세기북스.
함민복(2015), 「반성」, 『날아라, 교실』, 사계절.
앤 셰퍼드 지음, 유호전 옮김(2001), 『미학 개론 - 예술 철학 입문』, 동문선.
폴 리쾨르 지음, 존 톰슨 편집·번역, 윤철호 옮김(2003), 『해석학과 인문사회과학』, 서광사.
C. S. 루이스 지음, 윤종석 번역(2021), 『책 읽는 삶』, 두란노.

논문

백희정(2023), 「사회적 독서 공간으로서 북튜브의 활용 가능성과 읽기 교육 방향 탐색」, 『한국초등국어교육』 77, 한국초등국어교육학회.
이기언(2009), 「폴 리쾨르: 해석학과 자기이해」, 『불어불문학연구』 79, 한국불어불문학회.
이인화(2022), 「문학교육에서 수용 계열 개념어에 대한 연구」, 『문학교육학』 76, 한국문학교육학회.

이인화(2024), 「사회적 독서로서 '함께 읽기'의 사례 연구」, 『국어국문학』 207, 국어국문학회
정진석(2013), 「윤리적 가치 중심의 소설 읽기 연구」, 서울대학교 박사 학위 논문.

기타

고려대학교 세종학술정보원 제14회 독후감 대회 수상작 홈페이지. https://libs.korea.ac.kr/book-support/book-review-contest/winner/
고추참치, 네이버 웹툰 〈호랑신랑뎐〉 100화 부분. https://comic.naver.com/webtoon/list?titleId=795643
김소미(2023), 「고립을 막는 질문들」, 『고교 독서평설』 384호, 지학사. 2023. 3.
김숙현 기자(2008), 「〈레이디 맥베스〉, 변화의 기로에 서다 - [특집] 연극 〈레이디 맥베스〉 리뷰」, 『프레시안』, 2008. 4. 22. https://www.pressian.com/pages/articles/88323
〈"내가 그린 히말라야시다 그림", 성석제, 창비, 우사사북리뷰65 (ft. 채연)〉(2023. 6. 15.), 우사사북리뷰. https://www.youtube.com/watch?v=59OQpGlfP2c
〈네이버 영화〉, 영화 〈그래비티〉 관람평. https://search.naver.com/search.naver?where=nexearch&sm=tab_etc&mra=bkEw&pkid=68&os=1785236&qvt=0&query=영화%20그래비티%20관람평
〈네이버 영화〉, 영화 〈인사이드 아웃 2〉 관람평. https://search.naver.com/search.naver?where=nexearch&sm=tab_etc&mra=bkEw&pkid=68&os=32619620&qvt=0&query=인사이드%20아웃%202%20관람평
〈네이버 웹툰〉, 웹툰 〈호랑신랑뎐〉 100화 베스트댓글. https://comic.naver.com/webtoon/detail?titleId=795643&no=100&week=finish
〈"비행운", 김애란, 문학과지성사, 우사사북리뷰60〉(2023. 3. 18.), 우사사북리뷰. https://www.youtube.com/watch?v=LMFy104fhuw
〈[#선녀들] 조선시대 하입보이 이상의 시, 해석하면 소름 돋는 이유...☠️ | #전현무 #유병재 #하니 MBC230903〉(2023. 9. 4.), 엠뚜루마뚜루 : MBC 공식 종합 채널. https://www.youtube.com/watch?v=yDGDMs3gOWg
신형철(2013), 「[신형철의 스토리-텔링] 태어나라, 의미없이」, 『씨네21』, 2013. 11. 29. https://n.news.naver.com/mnews/article/140/0000023635?sid=004

〈오늘밤, 세계에서 이 사랑이 사라진다 해도〉(2023. 6. 1.), 우사사북리뷰. https://www.youtube.com/watch?v=m2xD3RVHRTM
이희승(1949), 「시조 감상 일수」, 『학풍』 2(1), 을유문화사.